The Review of New Political Economy

新政治经济学评论

启真馆 出品

The Review of New Political Economy

汪丁丁 主编

新政治经济学评论19

浙江大学民营经济研究中心
浙江大学经济学院
浙江大学跨学科社会科学研究中心

ZHEJIANG UNIVERSITY PRESS
浙江大学出版社

图书在版编目（CIP）数据

新政治经济学评论. 19/汪丁丁主编. —杭州：浙江大学出版社，2012.3
ISBN 978-7-308-09628-7

Ⅰ. ①新… Ⅱ. ①汪… Ⅲ. ①政治经济学-文集
Ⅳ. ①F0-53

中国版本图书馆 CIP 数据核字（2012）第 019377 号

新政治经济学评论. 19
汪丁丁　主编

责任编辑　叶　敏
装帧设计　王小阳
出版发行　浙江大学出版社
（杭州天目山路 148 号　邮政编码 310007）
（网址：http：//www.zjupress.com）
排　　版　北京京鲁创业科贸有限公司
印　　刷　杭州杭新印务有限公司
开　　本　787mm×1092mm　1/16
印　　张　9.75
字　　数　193 千
版 印 次　2012 年 2 月第 1 版　2012 年 2 月第 1 次印刷
书　　号　ISBN 978-7-308-09628-7
定　　价　34.00 元

目 录

Content

探寻转型期中国社会的政治哲学

——引序布坎南《自由的界限》中译本

◎汪丁丁*

布坎南1975年发表了《自由的界限》(*The Limits of Liberty*),这本书的序言作者Hartmut Kliemt(现在任职于法兰克福金融与管理学院)指出,此书一方面参与了关于无政府主义的讨论,另一方面参与了关于正义理论的讨论。也因此,布坎南为此书拟定的副标题是"在无政府与利维坦之间"。

读者或许首先要求解释"利维坦"与"正义"之间的联系,为什么追求正义的人们可能接受并帮助一个政府成长为庞然大物(利维坦)以至他们的自由最终和他们追求的正义一起被这只利维坦巨兽吃掉?亚赛(Anthony de Jasay)早年是一位匈牙利经济学家和哲学家,与他的匈牙利同胞海萨尼(John Harsanyi)一样,1948年因躲避政治迫害离开匈牙利,从奥地利辗转至澳大利亚。数年后,海萨尼师从阿罗(Kenneth Arrow)在斯坦福大学研读他的第二个博士学位,亚赛则辗转至英国并获得牛津大学研究职位。后来,亚赛在巴黎一家银行就职,再后来,他成为独立银行家,在欧洲和美国都有投资。退休后,他继续发表无政府主义论著。1985年他发表了《论国家》,引起布坎南的格外关注。2007年,布坎南和一群寻求当代无政府主义理论基础的学者发表文集《良序的无政府》(*ordered anarchy*),旨在阐释和发挥亚赛的一系列简明但深刻的见解。顺便说一句,他们当中至少一位作者认为亚赛,一位退休银行家,是我们时代最伟大的政治哲学家。我在"自由基金"网站下载了亚赛的或许最后一部作品,*Justice and Its Surroundings*。这部2002年发表的作品,为读者提供了上述问题的清楚解释。与亚赛一样,或许不那样偏激,布坎南坚持契约论的方法论个人主义思路。他在《自由的界限》开篇提出一个问题:无政府状态可否产生秩序?这样,他便直接参与了罗尔斯和诺齐克的那场辩论。

诚如布坎南本人和Kliemt所言,在布坎南的思想体系里,《自由的界限》(简称"界限")应被视为他和图洛克(Gordon Tullock)1962年发表的《同意的计算》(简称"计算")的姊妹

---

* 汪丁丁,北京大学国家发展研究院教授,浙江大学跨学科社会科学研究中心学术委员会主席,东北财经大学行为与社会演化研究中心学术委员会主席。

篇。在“计算”里，个体的理性选择模型被用来解释关于“公共善”（public goods）的投票规则的选择。在“界限”里，如布坎南在第一章所说，这一模型被用来解释“公共恶”（public bads）的形成。这里所谓“公共恶”，就是借助民众投票同意而形成的“利维坦”。预见可能形成公共的恶，也就是预见自由的界限。那么，制度是如何失败，从而产生了公共的恶呢？这是布坎南写作“界限”时的基本问题意识。

布坎南指出，必须考察那些曾经有效的制度是怎样腐败和趋于失效的。换句话说，最初我们一致同意接受某种政府形式的强制，或放弃一部分个人自由，为了获得秩序。然后，当政府权力不断扩展，直到某一阈值之后，我们再也无法收回或抵抗这一强权，我们在哪些环节犯了错误？对于美国的情形，布坎南这样描写：“大萧条以降，我们见证了我们自己的利维坦的持续和加速扩张……可以被称为宪政无政府的状态下……人们越来越感到自己受不可名状的不负责任的官僚的支配，生活在无法预料的迂回曲折之中，私人预期被摧毁和扭曲，而却鲜有机会因此得到赔偿”。

以上所述，若将“大萧条”这一时点推迟 70 年，即 1999 年以降，又何尝不是当代中国人日常生活的描写呢？“四面八方的人们要求废除官僚机构……将个人从加速增长的税负之下解救出来……但与此同时，要求公共控制继续扩展的呼声也大量存在。我们观察到，政府虽然将其指爪伸向各处，但在此期间，一般而言，由集体依法推行的最低限度的秩序似乎都在消失中。”布坎南追问：政府的存在本身是否在侵蚀社会所依赖的有序的无政府状态？个体在社会交往中自愿遵守行为规则时，创造了公共的善。当个体违反这些规则时，公共的恶出现了。以上文字，大致表达了布坎南这部著作的基本问题意识。

于是，我们可以探讨下一个问题：怎样界定权利？这是一种要严肃对待权利的呼吁（第三章）。布坎南承认，特定社会的文化传统在很大程度上已经界定了每一个人的权利。不过，他在第十章“脚注 1”里批评哈耶克盲目尊崇传统。这一批评意味着，布坎南倾向于有更积极的传统革新，例如，他多年来努力推动的“美国宪法重订”会议。现在请读者回忆我开篇提及的亚赛的那一见解：权利源自契约，而不是契约基于权利。对布坎南而言，这仍是一个可质疑的假说。因为，布坎南指出，假如契约各方在一开始没有就任何权利达成共识，怎么可能订立有约束力的契约呢？一个著名的例子，是优士丁尼讨论过的，甲方认定乙方是一名奴隶，则他们之间的契约不能成立。产权经济学家表示反对，因为，奴隶可以怠工，从而奴隶主的理性选择是允许奴隶有更大的自由。看起来，我们有必要拓展契约概念，使之能包括“隐契约”的情形。这样，产权之源于契约就符合情理了。类似地，布坎南可以争辩，我们也可以拓展权利概念，使之能包括“隐权利”的情形。大致而言，我相信，诺齐克与罗尔斯都有理，因为权利与契约可以相生相用，只要允许概念拓展到包括"隐"情形。当然，隐的情形，不论权利还是契约，迟早都要隐入漫长的文化传统与行为模式当中去了（参阅第四章和第五章），所谓"the status quo"（可译为"既成事实"或"现状"）。在漫长的自然演化史中，最早出现的既成事实（权利），可称为"产权"——财产权利。根据洛克的解释，产权有三类：life（生命），liberty（自由），possessions（财产占有）。我称之为洛克的"广义产权"概念。洛克的产权定义，源于自然法传统。

布坎南在第六章和第七章的讨论，明显地受到他的老师奈特（Frank Knight）的深刻影响。奈特在1942年发表于《伦理学》杂志的文章"科学，哲学，社会过程"（"science，philosophy，and social procedure"，*Ethics*，vol. 52，no. 3，pp. 253 – 274），为我们理解"自由的界限"提供了布坎南传承的芝加哥学派政治经济学基础。在奈特看来，"社会过程"（不同于机械的"social process"）是社会重要成员之间的主动对话和达成共识的交互作用过程。共识，这是内在于社会演化的原因。在共识基础上确立的法律、政府、政策以及个人权利等等，都是这一内在过程的外化，是演化的结果，不是演化的原因。即使在远古，人类社会也必定经历了这样的内在过程，只要有被认为重要的社会成员（母亲，酋长，或勇士）。当然，远古社会过程更可能发生的是在重要社会成员与神之间的对话及他们随后提供的权威阐释。在这一过程中，逐渐形成了"既成事实"，或最初的"律法"。奈特在同一杂志发表的另一篇文章里指出，立法者的基本问题在于：怎样的变法可能使法律在未来的演变更符合群体的长期利益？事实上，一个群体长期而言能够达到何种文明发展水平，几乎完全依赖于这一群体能够容纳多大的个体差异同时不使社会秩序因这些差异而趋于瓦解。对于布坎南而言，民主制度的精要，就是"一人一票"。他开篇明确提出这一假设，并拒绝柏拉图"哲人王"的思路。他指出，任何一群人，基于一人一票的社会过程，不论他们的选择多么低俗或高尚，这是他们的选择，应被视为是正当的。如果全体同意（一致同意）原则的成本太高，一人一票的社会过程可能选择偏离全体同意原则的投票原则，例如，简单多数原则或代议制，那么，我们可以应用布坎南在20世纪60年代提出的"俱乐部理论"，该理论仍是基于个体理性选择的。

可是，这样的社会过程既可以改善社会普遍的状况，让每一个人都有更多的自由——如果"自由"可以定义为每一个人潜质的充分发展；也可导致公共的恶——如果从这一过程中形成的集权自我强化为利维坦怪兽。这是布坎南在第七章以后，直到第十章，即本书结束时，始终要面对的难题。

无政府状态，即想像中每一个人拥有完全自由的状态，是布坎南政治哲学假设的初始条件。最接近这一状态的政府，被称为"最小政府"，也被认为是"最好的政府"——that government is best which governs least。由相互尊重的自由人组成的社会，被称为“无政府主义乌托邦”。吴稚晖是民国初年一位著名的无政府主义者，据张国焘回忆，吴稚晖曾告诉陈独秀，无政府主义者的革命需要五百年以后才有实现的可能，在那之前，他追随孙中山的国民党。中国早期最著名的无政府主义者，诸如刘师复，常以其品格高尚，得以感召许多青年参加无政府主义运动，他们赞成克鲁泡特金的口号：“无政府，即无强权”。另一方面，中国青年人普遍受到无政府主义理想的道德感召。德里克在其名著《中国革命中的无政府主义》中指出，中国道家和佛家思想传统为中国知识分子接受无政府主义思潮提供了极佳的环境。据此，以及其他更重要的原因，20 世纪中国革命各色各样的领导人，在早期几乎都是无政府主义者。德里克指出：“无政府主义理想对中国社会现实实际上是一种挑战，并触及了中国政治的核心问题。这或许能够说明，无政府主义在已失去了在中国现实政治中的发言权时，为什么仍拒绝从中国政治中消失的原因。”

如果说，20 世纪中国革命的思想开端是无政府主义的民主话语，那么，这一系列革命运动的政治结局何以总是公共之恶呢？自上而下的改革多次失败，从而救亡转变为大众革命，我推测，这是革命导致公共之恶的一个重要原因。大众革命倾向于完全摧毁既有秩序，并如马克思主义经典作家早已指出的那样，为革命之后的反革命独裁创造了政治条件。有鉴于此，为免于公共之恶的结局，我们多数人可能主张改革而不主张革命。

可是，为什么中国历史上的许多改革都以失败告终？一个直观的解释是，反对改革的力量过于强大。我认为，更令人信服的解释需要到中国的“社会过程”内部去寻找。

波兰尼在《个人知识》的开篇曾解释过，法国知识分子羡慕海峡对岸英国“光荣革命”取得的成就，可是他们模仿的英国民主演变为雅各宾党人的“红色恐怖”。波兰尼指出，民主是一种妥协艺术，大众的参与，绝不意味着大众掌握了妥协艺术。施特劳斯是芝加哥政治学派的政治哲学教父，他相信，真理不可让大众知道，否则，就很危险。所以，他的“小圈子”，颇类似毕达哥拉斯学派或墨子学派那样，是从核心到外围逐层扩展的秘密或半秘密组织。为什么大众不能知道真理（truth，可译作“真相”）？或许就因为他不相信大众能妥协。

古今中外，群众运动几乎不变的特征，是“过激”。我认为，借助阿西莫格鲁（Daron Acemoglu，MIT 的明星经济学家）等人 2010 年提交给应用概率论年鉴的一篇学术论文（“opinion fluctuations”，paper submitted to the Annals of Applied Probability），可以建立一个社会网络模型，为这一现象提供科学解释。让我们假设全部可能的观念，极端的和不极端的，均匀分布在全部人口当中，并且全部人口均匀地嵌入在一个平面网格之内。那么，根据阿西莫格鲁的“观念波动”模型，这一平面网格里的各种观念最终的波动均衡，取决于那些最顽固地坚持自己观念的人，不取决于那些更愿意修正自己观念的人。我们知道，如果一个头脑可能被任何观念占有的概率服从均匀分布，显然，它被一个极端观念占有的时段会比它被一个不极端观念占有的时段长得多。这是因为，“极端”通常意味着“顽固”，或者，如果因为年轻而不如此顽固，就一定意味着从一个极端跳到另一个极端。

于是，大众不能妥协，我们有阿西莫格鲁的观念波动模型作为我们这一判断的理论依据。只要发动群众，就必定导致达成均衡的观念，是极端的，而不是折中的。下一个问题是，怎样的政治制度更可能产生妥协？

代议制，这是图洛克的论证——布坎南认为他是对现实政治制度和官僚政治具有最卓越洞察力的人。图洛克论证，在代议制结构里，各党派的魁首之间最可能达成妥协。所以，“党魁”也就是政治企业家。这是借用了科斯的见解，任一可延续的社会里，必定有两类企业家，其一是政治的，其二是经济的，他们共同的职能是创新，制度创新与经济创新。

党魁之间的交易，最可能发生的事情，除了政治妥协之外，还有腐败——即交易各方为了增加私人利益而牺牲自己选民的利益。事实上，我们很难区分党魁之间的政治“妥协”与“腐败”。所以，根据激励理论，我们只能借助于可观察的信号。如果我们享有普遍的选举权，如果每 N 年举行一次大选，又如果没有“免费搭车”即不投票的选民，那么，通过 N 年一次的淘汰过程，最腐败的党魁最有可能首先被淘汰出局。假设 N 不是很大，例如，是 4 或 5，那么，经过相当漫长的时段，例如一百年，我们可以预期，代议制的总成本，在边际上大致相当于政治妥协过程中党魁腐败造成的总成本的边际量。

就中国目前政治格局，我们不难推测，与多党代议制相比，更可能形成的是执政党内各派魁首之间达成政治妥协的过程。但是，由于以上的分析，这一过程的合理性，要求执政党的最高权力掌握在至少三位领导人而不是如现在这样的两位或一位领导人手中。在理想的政治格局中，由于“合作博弈”理论和“夏普利值”（Shapley value）在政治科学领域广泛运用所取得的成就，我们希望执政党内形成一个多数派和两个享有合法权利的反对派。为实现这一可行方案，执政党的组织部和宣传部，必须分解为党内各派相互独立的组织部和宣传部。当然，执政党只有一个中央局（政治局）。不过，政治局常委名额的分配，即党内各派在政治局常务委员会里获得的代议权，必须能够充分体现“党内代议制”这一宪法思想。

中国社会的政治转型期，与经济转型期相比，应当更加漫长。这是因为，经历了 20 世纪的百年革命之后，我们前面还有大约一百年的路途。周虽旧邦，其命维新。我不揣冒昧，将这篇文章献给 22 世纪的年轻人。

国有企业的性质、表现与改革

◎天则经济研究所课题组*

摘　要　2001 年至 2009 年国有及国有控股工业企业累计获得利润总额为 58 462 亿元，2009 年的账面利润总额比 2001 年增长了 3.89 倍；累计获得净利润为 40 517 亿元，2009 年的账面净利润比 2001 年增长了 4.37 倍。

2010 年，中央企业共实现利润 13 415 亿元，占国有企业利润总额的 67.5%。2009 年，在央企实现的利润中，中国石油、中国移动、中国电信、中国联通和中国石化等 10 家企业占到 70% 以上；其中，中石油和中移动分别实现 1 285.6 亿元和 1 484.7 亿元，仅这两家企业就超过了全部央企利润的三分之一。可见，国有企业的利润主要是由垄断企业实现的。

2001 年至 2009 年，国有及国有控股工业企业平均的净资产收益率为 8.16%，非国有工业企业平均的净资产收益率为 12.9%。2009 年，非国有工业企业净资产收益率为 15.59%，国有企业净资产收益率为 8.18%。因此，国有及国有控股企业的名义绩效也不够高。

即使如此，国有企业表现出来的绩效并非其真实绩效，是国有企业在享受着种种政策优惠，和民营企业在不平等的经营环境下所体现出的绩效。这种不平等主要体现在政府财政补贴、融资成本和土地及资源租金等方面。

按工业用地价格 3% 的比例计算工业土地租金，2001—2009 年国有及国有控股工业企业共应缴纳地租 39 312 亿元，占国有及国有控股工业企业名义利润总额的 67.2%。如果再考虑商业服务用地，仅 2008 年一年，国有企业就应缴纳 12 104 亿元地租。

国有及国有控股工业企业平均实际利息率为 1.6%，其他企业加权平均的实际利率（视为市场利率）则约为 4.68%。若按照市场利率水平重新计算国有企业应支付利息，2001—2009 年利息支付差额共计约 27 539 亿元，占国有及国有控股工业企业名义利润总额的 47%。

---

* 原报告共 207 页，共分 10 章，并附有 4 个分报告。本书收录的是其中的摘要、前言、第一章、第二章、第三章、第四章－第七章、第十章。课题组负责人是盛洪，执行负责人是赵农。执笔人有盛洪、杨俊峰、钱璞、管建强和杨小静。

石油的资源税平均仅为每吨26元，加上按销售收入的1%计征的资源补偿费，我国对石油征收的资源租金不足价格的2%，远低于我国向合资企业征收的12.5%的比例。即使加征了特别收益金，也不能完全实现资源所有者的权益。2001年至2009年，国有及国有控股工业企业少缴纳的石油资源租金约为2 437亿元。加上天然气和煤炭等自然资源，国有及国有控股工业企业在2001年至2009年间共少缴纳资源租金约4 977亿元。

从1994年至2006年，国家财政用于国企亏损的补贴达到了3 653亿元。据不完全统计，2007年至2009年，国有及国有控股工业企业获得财政补贴约为1 943亿元。

从名义利润总额中将上述共约74 914亿元的应付未付成本和补贴扣除，从账面财务数据中还原企业的真实成本。据测算，2001年至2009年，国有及国有控股工业企业平均真实净资产收益率则为-6.29%。

2008年，国有企业人员的人均工资比非国企单位（加权平均）高17%；人均劳动者报酬分别比私营企业高63%，比非国有企业高36%。行业间存在巨大差异。2008年，垄断行业职工人均年收入达12.85万元，约为当年全国在岗职工年平均工资18 364元的7倍。在收入最高的5个工业行业中国有企业的比重最高，在收入最低的5个工业行业中国有企业比重最小。

按照现行的公积金制度规定，职工和单位公积金缴存比例均不得低于职工上一年度月平均工资的5%，原则上不高于12%。不少垄断行业的国企和事业机关将这一比例提升到20%。网通运营公司全额计提41.42亿元，一次性现金住房补贴。国有企业利用国家无偿划拨的用地进行单位集资建房。企业购买市场上的商品房，以较低的价格出售给本企业员工。

2007—2009年，992家国企所得税的平均税负为10%，民企的平均税负达到24%。

自1994年至2007年，国有企业没有上缴一分钱利润。2009年，国有企业利润上缴比例仅约6%，其余利润都在企业内部分配。2010年，该比例降至2.2%。而央企上缴的红利目前主要在央企体系内部转移，尚没有体现出惠及民众的意义。

我国存在结构性的国进民退现象。从资金的角度来看，电力蒸汽热水生产供应业的国有比重从2005年的85.8%上升到2008年的88.2%。从工业总产值的角度来看，电力蒸汽热水生产供应业的国有比重从2005年的89.3%上升到2008年的91.7%。石油和天然气开采业的国有比重从2005年的90.5%上升到2006年的98.9%。

用市场力量的指标对各个行业的垄断程度进行的定量分析表明，在有色金属冶炼及压延加工业，烟草制品业，石油加工、炼焦及核燃料加工业和电气机械与器材制造等行业中，2007年的垄断程度比2002年有显著增加。这些行业与国有企业比重增大的行业有很大重合。

通过对国家部委官员的履历统计发现，在19个部委的183名副部级以上官员当中，具有国有企业工作经历的就有 56 人，比重达到 30.6%。通过对 123 家中央企业的高管履历统计发现，在有信息披露的 47 家企业当中，一共有 115 名高管具有政府工作背景，平均每家企业达到 2.45 人。因而，存在国企管理层与官员之间的身份互换。

企业高管通过进入政府获取政策与资源；政府官员进入企业兑现在位时的经济收益。

行政部门拥有制定法律的实施条例、指导意见和部门规定等权利，即实际上存在“行政立法”；企业管理层无须游说立法机关，只需游说行政部门即可，即存在“院内活动”。

国有企业应当存在较为明确的边界，其适合于市场机制不能得到充分发挥的公共品和准公共品的提供。尤其当政府成为唯一买家或者生产过程需要严格控制的产品，应当由国有企业提供，其他产品则由民营经济提供。国有企业存在的条件，是在提供公共物品时，融资阶段和生产阶段不可分离。

国有企业是不同于一般政府和一般企业的公共机构。国有企业不应以营利为目标，应以实现社会公益为目标。

我国已有的国有企业改革的实质是国有资产的资本化，即通过对国有资产的经营而获取利润。因此，当国有资产不断显现资本的属性，政府也就逐渐成为人格化或机构化的资本。

国有资产资本化，尤其在我国经济转型的初期，不仅具有逻辑的必然性，而且具有推动市场化的积极意义。然而，随着我国市场经济的建立，以国有资产资本化为特征的国有企业改革，其历史使命将告终结。

国有企业的近期改革方案，应当围绕打破国有企业的行政垄断，取消国有企业无偿或低价占有和耗费国有资源的特权，规范国有企业的行为等重要方面而设计。其意义在于，促进不同经济主体充分、公平地展开经济竞争，从而更好地实现我国的社会正义，提高经济效率。

国有企业的终极改革目标有两个：其一，将国有企业转变为非营利性公法企业；其二，建立国有资产的宪政治理架构。

为实现国有企业的终极改革目标，国企必须从营利性领域（而不单是从竞争性领域）中逐步退出。

前　言

近年来，关于“国进民退”的相关事例引起公众的广泛关注。典型的事例有两个：其一，山西省主要以煤炭安全生产为由对小煤窑进行整顿，致使大量民间资本从本地的煤炭行业被迫退出；其二，在山东省政府部门的推动下，国有但亏损的山东钢铁集团兼并民营但盈利的日照钢铁有限公司。若从这两则具体事例来看，将其定性为当地政府部门主导下的“国进民退”并不为过。联想到早些年间民间资本从石油石化行业中的炼油与销售环节中被迫退出等事例，公众有理由对“国进民退”是否形成某种趋势表示关切。

应当说，以上事例的发生是有其相应的政策背景的。在“抓大放小”与“国有资本战略性重组”的背后，已经形成了“进一步推进国有资本向关系国家安全和国民经济命脉的重要行业和关键领域（以下简称重要行业和关键领域）集中”的政策导向，以期达成“增强国有经济控制力，发挥主导作用”的目标。“重要行业和关键领域主要包括：涉及国家安全的行业，重大基础设施和重要矿产资源，提供重要公共产品和服务的行业，以及支柱产业和高新技术产业中的重要骨干企业”。

这种政策的含义与取向，对应于国际金融危机发生后西方主要发达国家的政策选择（例如政府对商业银行进行注资等），其合理性似乎得到进一步的印证。不仅如此，人们还从金融危机过程中中、外不同国家之间经济增长速度或危机程度的差异，导出中国国有经济的主导或控制地位在经济制度上的比较优势。

然而，公众还是对国有企业的行政垄断行为、分配不公等表示相当程度的不满。针对公众的责难，有关部门则拿出账面数据宣传国有企业的绩效、对就业的贡献以及所尽的社会责任。面对这种情势，经济学界并未作出积极的解答。因为数据清楚地显示：近年来国有企业的利润增长较快，绩效甚好。这显然与十年前的研究结果大相径庭。进一步讲，这不正是国有企业改革成效的体现吗？

有问题才需要改革，这是所有人都能接受的逻辑。在一些“数据”和“事实”的支撑下，不少学者也就逐渐相信：中国的国有企业改革已经取得了巨大成功，改革的历史使命已基本完成。于是，深化国企改革的话题日趋冷淡，以至无人问津。

面对混沌不清的现实判断，天则经济研究所理应承担其应有的社会责任。课题组力图回答以下三个重要问题：（1）国有企业的当下表现究竟如何？（2）从规范的意义上讲，国有企业应当成为什么性质的机构？（3）应当怎样推进国有企业改革？经过一年的认真研究，最终形成《国有企业的性质、表现与改革》的研究报告。

本报告的实证研究表明：（1）近年来，我国存在着结构性的国进民退现象；（2）国有企业不同程度地存在分配不公的现象，其薪酬与非货币收入普遍高于社会平均水平，这种现象在国有垄断企业显得尤为突出；（3）其账面利润中含有大量应当列入成本的地租、资源租、融资优惠带来的成本减少，以及因行政垄断所致的超额利润，经过成本还原和垄断利润扣除之后，其真实绩效远远低于社会平均水平，甚至是亏损；（4）国有企业的存在与运营，对我国宏观经济运行的稳定性与经济增长的质量构成一定损害，并扰乱了房地产市场和资本市场的健康发展。通过对国有企业的当下表现的政治经济学分析，部分身份互换与相互流转的官员和国企管理者正在结成利益集团，其运用“院内活动”和“部门立法”等方式，借助公权力而谋取私利。

经济学的规范分析表明：国有企业应当存在较为明确的边界，其适合于市场机制不能得到充分发挥的公共品和准公共品的生产，尤其当政府成为唯一买家或者生产过程需要严格控制的产品，应当由国有企业提供，其他产品则由民营经济提供。法学研究则表明：国有企业应当成为有别于政府机关的公共机构，其应以公共利益而非营利为目标，属于公法而非私法范畴。

在以上研究的基础上，本报告提出了重新定位国有企业深化改革的方略。认为已有的国有企业改革，围绕着国有资产的资本化而进行，即如何有效地将原有的生产性国有资产转变为经营性的国有资本。于是，需要将国有企业变成以营利为目标、自主经营的法人，而政府则成为出资人。这种改革虽然促进了中国的市场化，但也正在形成由利益集团掌控大量社会资源的局面。深化改革应当以将国有企业转变为非营利性公法企业以及建立国有资产的宪政治理架构为目标。在此基础上，提出了深化国有企业改革的具体措施。

在课题的研究及本报告的形成过程中，课题组还召开了两次专家研讨会。张曙光、周放生、杨帆、韩朝华、刘小玄、华生、管维立、王建、秋风、王晓晔等学者提出了建设性的意见；在本报告完成后，吴敬琏、陈清泰和洪虎等人也提出了很好的修改意见；在此表示衷心的感谢！

第一章　国有企业改革的理论与过程

中国传统的国有企业主要是在20世纪50年代中期通过“社会主义三大改造”、“消灭私有产权”以及之后的“国家工业化”等方式建立起来的。改革开放以前，这些传统的国有企业是以政府部门的分支机构或附属机构的形式存在，实行高度集中的计划管理，企业日常运转在很大程度上依靠行政命令推动。在这种“社会化大工厂”的模式下，企业经理仅仅是上级政府和主管部门决议的具体执行者，其经营决策必须遵从党委的领导；企业在人事、财务、生产、物资、收入分配等方面几乎没有任何自主权，企业经理和职工不必为经营的结果负责，其自身的利害关系也与经营的结果没有太大的关系。国有企业传统的运行体制造就了“企业吃国家大锅饭”、“职工吃企业大锅饭”的结果，企业效率极其低下，国家财政赤字连年增加。到1977年前后，国有企业传统运行体制已经发展到不得不改革的地步。

1978年十一届三中全会以后，中国开始进行经济体制改革。基于十一届三中全会公报所做出的“现在我国经济管理体制的一个严重缺点是权力过于集中，应该有领导地大胆下放，让地方和工农业企业在国家统一计划指导下有更多的经营管理自主权”的认识，国有企业从“放权让利”改革开始，之后经历了“两权分离”改革、建立与完善“现代企业制度”改革等不同阶段。就整个改革过程涉及的内容而言，在所有制上，大一统的全民所有制和集体所有制已经被发展成为各种所有制均占有一席之地的格局；在经营方式上，高度集中的计划经济体制已经让位于市场经济体制。经过30年的改革，国有企业在数量上已经大大减少，产权关系基本明晰，政企关系变得相对简单，管理体制已基本实现向现代企业制度的转变，国有企业的经营状况也有所好转。国有企业目前的发展状况似乎表明主体部分的改革已基本胜利完成，剩下的只是对现有成果的不断巩固与完善。

然而，事实并非如此，国有企业改革远未结束。从产权关系角度来看，以各级国有资产管理委员会代表国家与全体人民行使国有资产所有者职能的方式，并未真正消除国有企业所有者虚置的问题，不仅如此，这种模式还会因为国有资产管理委员会本身缺少监督和约束而极易向国有企业管理层让步，使其侵吞国有资产及其增值部分。从经营绩效角度来看，目前国有企业所取得的经营业绩有多大成分来自于企业效率的提高还存在诸多的争议，但国有企业通过免费或极低的价格占用土地及其他要素资源，在全球资源性要素价格快速上涨以及在市场需求持续扩大的条件下获取大量收益，则是显而易见的。从竞争的公正性来看，由于国有企业长期垄断着一些关键性的行业与部门，并且凭借行政垄断力量不断排挤、吞并其他市场竞争主体，对市场规则造成了极大的破坏，成为阻碍国民经济健康发展的最主要因素。

本章力图通过对国有企业改革过程的梳理，探寻出不同阶段国企改革的动因，以及国企改革发展的内在逻辑。

一 国有企业以“放权让利”为主要特征的改革（1978—1986年）

（一）“放权让利”改革过程回顾

1978—1986年属于多种改革形式探索阶段，这一时期的改革是在不打破原有计划体制框架下展开的，其主要特征是“放权让利”，即通过向企业下放部分经营权与收益权来达到调动企业经营者和职工工作积极性、提高企业产出以保证财政收入增长的目的。放权让利改革主要包括“扩大企业自主权”、“利改税”、“租赁制”等多种形式。

1. “扩大企业自主权”改革过程

1978年10月，四川省选择了宁江机床厂等6家企业进行扩大企业自主权改革试点，确定企业在增收基础上可以提取一些利润留成，职工可以得到一定的奖金。1979 年 5 月，国家经贸委等 6 个部门分别在京、津、沪三地选择首都钢铁公司、天津自行车厂、上海柴油机厂等 8 家企业进行扩大企业自主权改革试点。在随后的 1979 年 9 月，国务院发布 5 个有关扩大企业自主权的文件，要求各地进行试点。从 1979 年底全面推广扩大企业自主权改革开始，在短短一年时间内，16% 的全国预算内企业都实施了此项改革试点，这些企业占到全部企业产值的 60%，利润的 70%。

扩大企业自主权的改革，初步改变了政府对国有企业管得过死的局面，在奖金收入刺激下，广大职工开始关心并设法提高企业的经济效益。这方面的改革调动了企业的积极性，初步搞活了经济。但是，由于没有明确限定企业的权利边界，权利下放之后没有相应的约束机制对企业的权利进行限制，加上宏观环境变化等影响，初期的扩大企业自主权改革并没有实现改善国家财政状况的目的，1979 年、1980 年连续出现了巨额财政赤字（黄速建，2008）。为了落实财政上缴的任务，各地政府从 1981 年开始在初期的扩大企业自主权改革基础之上，对工业企业试行利润包干制度，在分配上确定了“利润留成”、“盈亏包干”、“以税代利、自负盈亏”等三种类型。

利润包干制度一开始取得了一定的效果，一些企业在短期内实现了增产增收的目标，但大多数企业的经济效益却并没有明显地提高。由于企业的各项计划指标是在上一年度的完成情况基础上制定的，因此，利润包干制度一开始就为企业与政府之间的讨价还价留出了空间，从而不可避免地形成了“鞭打快牛”与“苦乐不均”的现象。到 1983 年初，利润包干制度在更大范围内推行后引起了执行混乱和物价上涨等严重情况，鉴于此，中央决定停止全面推行利润包干，转而实行“利改税”（黄速建，2008）。

2. “利改税”改革过程

扩大企业自主权改革中出现的“鞭打快牛”与“苦乐不均”现象使得利改税思想应运而生，政策设计者希望通过实行利改税，能够规范和稳定企业上缴政府的财政收入，加强企业的经济责任，并且用税收手段拉平企业之间的竞争条件，使企业处在同一起跑线上。1983 年国务院批转了《财政部关于国营企业利改税试行办法》，提出分两步实施利改税：第一步是对国有企业征收固定比例的所得税，然后通过谈判方式确定税后利润上缴比例；第二步是实行单一征税制度，把所得税由比例税改为累进税，取消上缴利润的办法，同时征收资源税、资产税和调节税等（杜海燕、张永山，1992）。

1983 年 6 月 1 日开始实施第一步利改税。对大中型企业实现的利润，统一按 55% 的税率征收所得税，企业税后利润按国家核定的比例留给企业，其余上缴国家。第一步利改税的实施基本实现了稳定和增加财政收入的目标。1984 年 10 月开始实施第二步利改税，但最终的操作方案偏离了改革的设想。由于在第二步利改税设计中产品税比重过大，很多企业在支付该税种后无力支付与利润无关、但与资金占用挂钩的资金税，因此，最终只能放弃资金税，改为从利润较多的大中型企业中开征一户一率的调节税，以“代替”利润上缴（华生，1987）。利改税最后并没有改变企业税负过重的局面，企业与政府之间依然在不断地讨价还价，由于取代利润上缴的税收不规范，外部竞争的条件不但没有拉平，“鞭打快牛”与“苦乐不均”的问题反而更加严重了。

3. “租赁制”改革过程

从 1984 年沈阳汽车工业公司试点开始，许多小型工业企业走上了租赁制改革道路。租赁制最初是在一些微利亏损的小企业中开展，主要目的是为了解决企业的亏损问题。在实际操作过程中，主管部门设定一定数量的租金，把企业出租给个人，租赁期满时主管部门获得期初约定的租金，承租人获得剩余收入。随着租赁制改革形式的不断发展，承租人由个人逐渐发展成为团伙、全体企业成员，租金也由固定变成浮动比例，最终租赁制在小型工业企业当中变得越来越像承包制经营形式。在 1987 年普遍推行承包经营责任制以后，采取租赁制形式的小型工业企业数量仍然不断增加。到 1988 年底，依据对 43 935 个国有小型工业企业的调查，实行租赁制和其他经营方式的企业已经达到 24 660 个，占总数的 56.1%（黄速建，2008）。在租赁制改革过程中，还出现了“厂长负责制”和“厂长任期目标责任制”改革形式。从操作手法与各种表现特征来看，这两类改革形式应属于承包制的雏形。

（二）“放权让利”改革过程中的理论思想

传统公有制理论在现实当中出现了严重的激励问题，普遍的“捧国家铁饭碗、吃企业大锅饭”思想导致国有企业经营效率低下，国家财政收入逐渐萎缩。放权让利改革就是试图改变传统公有制框架下激励不足的问题，通过让渡一部分收益来调动企业经营者与职工的积极性，从而增加企业产出来缓解当时国家面临的财政困难。

1. 传统公有制理论思想面临的困境

传统的公有制可定义为：一群人以集合的方式共同占有财产、所有成员拥有平等的权利并采取集体行动的方式来行使所有者权利的所有制形式（刘世锦，1990）。公有制以集体行动为特征的行为方式，导致个人行为与行为后果之间的相关程度非常低，使得集体成员倾向于在获取同等收益的条件下尽量减少自身的努力，即出现“搭便车”行为。广泛的“搭便车”行为导致总体努力的不足，在具体组织当中就表现为普遍的偷懒卸责、人浮于事、效率低下。为了保证公有制能够正常运转，就需要引入相关机构或个人作为代理组织。可是，由于代理人拥有自身的利益诉求，存在激励不相容与机会主义行为等问题，所以，激励与监督制度就随着代理组织的出现而产生了。

与传统的公有制形式相对应的是全面计划经济的管理体制。在计划体制下，国有企业作为各级政府部门的附属机构，担负着社会稳定、充分就业和经济发展等各种不同的责任。各级政府主管部门通过国有企业这一公有制财产组织形式，实现各自的功能和利益，而作为微观经济主体的国有企业却没有相应的经营自主权。这种经济体制导致的结果是，管理者与职工在生产上付出的努力与自身所得的收益之间没有必然联系，“干多干少一个样，干与不干一个样”。因此，管理者与职工作为国有企业的代理人，利用信息优势隐藏生产潜力并减少自身的努力，从而形成“企业吃国家大锅饭”和“职工吃企业大锅饭”的局面。财产人人所有的公有制经济在无人负责的情况下经营惨淡，国家最终在严重的财政赤字压力下不得不考虑改革国有企业。

2. “放权让利”改革中的理论探索与实践评价

放权让利是在保持原有企业制度基本不变的前提下，通过完善经营考核指标、加强监督和激励，从而调动企业管理者与职工积极性以保证国有企业计划任务得以完成的改革措施。在借鉴东欧的国有企业改革经验过程中，理论界提出了各种改革思想。蒋一苇的“三论”——“企业本位论”、“职工主体论”和“经济民主论”是当时最为著名的理论思想之一。“三论”认为，“我国的经济体制改革，应从企业缺少自主权的现实出发，使企业成为自主经营与发展的、具有独立性的社会主义基本经济实体”（戴园晨、徐亚平，1993）。在放权让利改革阶段，把国有企业改造成为责、权、利统一的商品经济生产主体的思想在理论界已成为共识。

虽然放权让利改革没有触及国有企业的产权关系，也没有改变企业与主管部门之间的从属关系，但在利益分配格局上却取得了突破性进展。放权让利通过提高企业利润留成比例和加大奖金发放力度的刺激，改变了过去政府对国有企业管得过死的局面，管理者和职工开始关心并设法提高企业的经济效益，国有经济初步表现出搞活的迹象。但是，放权让利改革毕竟只是一种在国家统一计划下实施的权利下放举措，在政企关系上政府依然处于主动地位。政府可以根据经济形势与政治的需要，决定继续下放权利或收回权利。因此，对于政府和企业而言，各种以放权让利为特征的改革形式都表现为一种短期的行为。

放权让利改革对国有企业管理者和职工的行为方式产生了较大的影响，并进一步引发宏观经济政策的调整。当约束机制尚未建立之时，只要利益分配的政策口子打开，管理者与职工就有能力也有积极性以各种方式将企业产出的分配偏向自己一方。国有企业在预算软约束的条件下通过无限制地扩张经济规模、通过与主管部门讨价还价、提高奖金发放水平，最终损害了政府的收入基础，加剧了国家的财政困难。因此，简单的放权让利改革虽然在短期内调动了企业职工的积极性、增加了产出，但同时也为政府部门的收权行为埋下了种子。当消费与投资出现双膨胀、宏观经济形势恶化时，政府部门的紧缩政策必然收回已下放的权利。可是国有企业在减少投资与产出的同时却不减少工资的发放，经济形势更趋恶化，“放权－收权”的循环开始不停地上演。

放权让利改革并没有根本解决“企业吃国家大锅饭”和“职工吃企业大锅饭”的问题，反而由于企业与主管部门之间的讨价还价造成了新的不平等，加剧了苦乐不均的情况。由于主管部门仅仅在利益分配方面开了口子，而没有真正将经营权下放企业，因此企业的效率问题仍然无法解决。当国家财政收支情况变得糟糕而无法向企业出让更多的利益时，放权让利也就走到了尽头，同时新的改革思想也酝酿成熟。

二　国有企业以“两权分离”为主要特征的改革（1987—1992 年）

（一）“两权分离”改革过程回顾

从“放权让利”发展到“两权分离”是国企改革的一次重大飞跃。放权让利改革只是在计划经济体制框架内部转圈，而两权分离改革则渐渐触及经济体制改革的主体部分。实践证明，两权分离改革在终结传统的计划经济体制方面起到了极为重要的作用，但同时也因为自身存在着各种缺陷而无法完成国企改革大任。以两权分离为特征的改革阶段主要包括对大中型工业企业实行的“承包制”、对中小企业实行的“租赁制”后期阶段、“资产经营责任制”以及部分企业的“股份制”试点改革。本节只针对“承包制”与“资产经营责任制”改革过程进行梳理，其他几种改革形式在本文其他地方另有专门的论述。

（二）“承包制”改革过程

承包制改革的雏形早在 1979 年的放权让利改革阶段就已形成，其具体形式表现为上缴利税包干制度。由于国务院在 1983 年开始全面推广利改税，全国大多数企业都中止了承包制方面的试点探索，直到 1987 年承包制改革才又重新登上历史舞台。1988 年 2 月，国务院颁布《全民所有制工业企业承包经营责任制暂行条例》，承包制逐渐取代其他改革形式成为城市经济改革的主流。自 1988 年到 1990 年，全国预算内工业企业中 90% 以上的企业完成了第一轮承包，之后又开始第二轮承包。

承包制改革包括“上缴税利定额包干”、“微利微亏企业定额承包”、“上缴税利递增包干”、“上缴税利目标承包”、“亏损包干或亏损递减包干”等多种具体形式，其核心是包住利润上缴基数，稳定国家与企业的分配关系，通过调动承包者的积极性来扩大各方的利益总量。由于承包制改革简明易行、财政上不用增加开支却能比较有把握地增加收入、企业可以从增产增收中获得实实在在的收益，因此受到各方普遍的欢迎。在实施第一轮承包的头一年，企业承包情况非常好，在完成上缴利税的同时实现了较多的利润留利。但随着外部经济形势的变化，企业内部运行机制的不合理，以及政策的多变性等问题越来越突出，承包制所产生的效益空间逐年缩小。到 1991—1992 年开始新的一轮承包时，企业普遍出现不好包、不愿包和不敢包的心态，以至于这一轮承包是在放松承包条件、主管部门“做思想工作”的情况下才勉强承包下去。

在承包制改革过程中，短期盈利、长期亏损的现象非常普遍。虽然承包制以合同等法律形式实现了在一段时期内所有权与经营权的分离，为企业的自主经营创造了条件，从而搞活了企业，但承包制本身并没有改变传统的行政依附型企业体制（杜海燕，1992）。政府对企业的干预仍然普遍存在，尤其是当企业经营业绩不佳或工资侵蚀利润问题变得严重时，政府倾向于收回企业的经营权；当外界经济与政策环境变坏、企业无法完成承包任务时，放弃经营权、回归旧体制也往往成为企业的首选。但是，在面对企业经营由于管得过死而缺乏活力、国家财政收入出现下滑现象时，政府又不得不下放权力。因此，承包制改革只能继续在“放权 - 收权”的循环中蹒跚前行。

（三）“资产经营责任制”改革过程

资产经营责任制在吸收其他改革形式的经验教训基础上，提出了重新构造微观经济基础的思想。该思想包括两方面内容：一是所有制形式和经济成分的多样化，即应当允许在一定范围内存在私人资本主义经济；二是通过所有权与经营权的重新分割和分开，使国有企业摆脱行政隶属关系，成为真正的商品生产者和经营者（华生，1987）。资产经营责任制改革把解决企业经营权问题作为第一阶段改革的核心内容，并且分三步进行实施。首先，由企业主管部门聘请专家组成考评委员会，以现有资产作为标的，用招标的形式选出企业经营者。其次，被选中的经营者成为企业法人，并与主管部门签署具有法律效力的经营责任合同书，就任职内的资产、人员处理、生产决策等事宜达成协定，经营者拥有机构撤并设置、企业内部分配等权力。最后，任期结束后再次由主管部门主持投标选聘经营者，并根据资产评估结果对上一任经营者进行奖罚（华生，1987）。资产经营责任制改革的推出引起了社会的较大关注，在试点过程当中取得了一些成绩。但由于资产经营责任制在让利幅度上比其他改革方式小，而对经营者的约束却很强，并且在操作技术上对主管部门负责人的素质要求比较高，因而在允许企业自由选择改革方式的情况下资产经营责任制改革最终没有得到大范围推广。

（四）“两权分离”改革过程中的理论思想

两权分离作为向现代企业制度过渡阶段的改革形式，在理论探索与实践当中产生了重大的影响，既取得了巨大的成果，也暴露出很多问题。两权分离改革在相当程度上明确了国家与企业之间的利益分配关系，为发展自主经营、自负盈亏的企业经营理念打下了基础，并且为企业培育了产权思想。两权分离改革还在实践中培养了一批具有市场意识和经营理念的企业家，为建立现代企业制度储备了人才资源。

（五）“两权分离”改革理论探索

两权分离思想是在不改变原有企业财产关系形式的前提下，把企业经营的经济责任落实在经营者头上，通过加强激励来提高企业的经济效益，使企业成为自主经营、自负盈亏的商品生产者和经营者。如果说放权让利只是通过利益刺激来调动企业职工积极性的话，那么两权分离则是突出经营者的地位，通过“经理革命”来实现企业的经营目标。企业与主管部门采取一对一谈判的方式签订任务合同，明确双方的权利和义务，从而把主管部门对企业实施的日常干预变为定期干预，使经营者获得更多的经营自主权。在利益分配机制方面，所有者以出让一定时期一定程度的经营权为代价，取得资产分成收入；企业则通过增加产出利润，获得确定的分成比例。两权分离最终形成一种风险共担、利益共享的分配关系（戴园晨、黎汉明，1988）。

两权分离改革中出现的产权改革思想主要以华生等学者的资产经营责任制为代表，资产经营责任制从财产关系入手，提出重新构造经济的微观基础思想。华生等人认为，如果不突破原有的产权体系，国有企业改革将很难进行下去（华生，1987）。由于种种原因，华生等人在这方面的理论探索未能进一步展开。

作为企业组织中最重要的人力资本——企业家才能，在两权分离改革过程中得到了一定程度的重视和发展。通过经营者的选拔与经营者权利、地位的提高，国有企业的管理人员逐渐从原来的政府管理决策执行者角色转变为专业的管理人员。虽然在政企不分的环境下国有企业经营者与政府官员之间的角色转换仍然比较频繁，但毕竟为将来培养独立经营、敢于承担风险的企业家队伍创造了条件。

（六）"两权分离"改革实践评价

两权分离改革实践中所产生的问题都根源于公有制企业产权制度安排，具体表现在政企不分引起的讨价还价机制、内部人控制、预算软约束、企业行为短期化等外在形式方面。两权分离只是局限于国家所有权与企业经营权的分离，国有企业在这种情况下仍然无法做到自主经营、自负盈亏。

政府主管部门作为企业的上级领导，掌握着企业经营者的任免与考核大权。在两权分离改革实践中，讨价还价机制成为企业与主管部门、主管部门与其他政府部门之间界定权利义务的行为模式。企业为了自身的经济利益总是想方设法争取尽可能低的经营指标。主管部门为了完成任务一方面给企业下达尽可能高的指标，另一方面则与企业一道向财政、税收等其他政府部门争取尽可能低的经营指标。而其他政府部门除了正常的业务往来之外，还有名目众多的摊派强加给企业。此外，讨价还价一般以上年度的完成情况作为基准，通过加码方式形成新的任务指标。在普遍的讨价还价机制中，企业的业绩在很大程度上取决于经营努力之外的其他因素。因此，企业之间"苦乐不均"、"鞭打快牛"的现象一直存在。

国有企业作为独立的利益主体，总是有积极性利用信息优势增加自身的利润分配。由于经营者与企业职工之间易于结盟，因此在工资攀比与内部人控制情况下出现了严重的工资侵蚀利润现象。即便已经实施了"拨改贷"改革，预算软约束问题依旧严重，企业负盈不负亏。企业尽可能地争取扩大投资规模，从粗放追加生产要素获得产出的增加与利润，而不必担心投资亏损。"投资饥渴症"与工资侵蚀利润现象的过度扩张导致投资消费双膨胀，最终引发宏观经济的失控与政府的再次干预。

两权分离改革只是让企业获得了一部分经营权，企业并未成为真正的产权主体，因此无法根本改变国有企业作为主管部门附属机构的地位。主管部门可以根据自身需要改变对企业的干预行为，或者通过对经营者的任免来影响企业的经营。在未来充满不确定性的条件下，企业经营者只关心自己任期内的经营状况，因此选择"短平快"的企业发展模式，而不太关心技术创新与未来的发展。长此以往，国有企业虽然在资产规模方面取得了较快的增长，但企业的盈利能力却没有得到相应的提高，以至于在面对后来崛起的民营经济和外资企业的挑战时，国有企业变得毫无竞争优势。

三　国有企业以“建立现代企业制度”为主要特征的改革（1993 年至今）

（一）“建立现代企业制度”改革过程回顾

从“放权让利”到“两权分离”，再到“建立现代企业制度”，国有企业从被动式改革逐渐转变为主动式改革，改革也进入到核心领域——产权改革。两权分离改革为新一阶段国企改革的开展提供了许多重要的条件：中国经济已经发展出非公有制经济形式、企业家阶层已初步形成、产权意识已初步具备，计划经济体制正快速向市场经济转变。以建立现代企业制度为主要特征的改革过程包括“股份制改革”、“国有企业战略性改组”、“建立国有资产管理体制”等几个阶段。

1. 早期“股份制”试点探索

我国最初的股份制改革探索是以职工入股的方式展开的。1984 年北京天桥百货股份有限公司的成立，以及上海飞乐音响公司向社会发行股票的事件，则标志着股份制试点的正式开始。随着 1985 年下半年国家开始实行银根紧缩政策，全国各地都开始着手企业集资入股试点，以解决企业流动资金不足的问题（张晓明，1988）。虽然 1985—1986 年搞股份制改革的呼声比较大，各地也搞了一些试点，但总体而言处于观望状态，直到 1987 年 10 月十三大召开以后才又重新开始试点。早期的股份制改革主要功效在于开辟新的资金筹措和融通渠道，大部分公司发行的股票由于可以到期还本付息、期末分红而具有股票—债券混合型特征。这种冒牌的股份制实际上成为企业增加职工收入的一种方式，加上当时缺乏起码的金融市场条件，早期的股份制改革最终只能流于形式。

2. “股份制”改革过程

1990 年上海证券交易所的成立和 1991 年深圳证券交易所的开业，标志着股份制改革进入了一个新的发展阶段。邓小平在 1992 年初的南巡讲话中，对股份制改革的尝试作出了肯定的评价，从而拉开了国有企业股份制产权改革的序幕。同年 5 月，国家体改委联合其他政府部门发布了《股份制企业试点办法》，开始以更积极的态度推行股份制试点改革。到 1992 年底，全国股份制试点企业发展到 3 700 多家，其中有 92 家在证券交易所公开上市。而 1993 年《公司法》的颁布，则意味着国有企业股份制改革步入向法制化和规范化发展的轨道。

1993 年，十四届三中全会通过了《关于建立社会主义市场经济若干问题的决定》，确定国有企业的改革方向是建立“产权清晰、权责明确、政企分开、管理科学”的现代企业制度。1994 年，国务院选定了 100 家国有大中型企业进行建立现代企业制度的试点，各地各部门也选择了 2 000 多家企业进行试点。股份制改革虽然在形式上向现代企业制度迈进了一大步，但政企不分、所有者虚置等本质性问题仍然没有得到解决，有效的公司治理结构也没能建立起来。市场中来自民营经济和外资经济的竞争，使得国有企业在体制上的弱点被充分暴露出来，国有企业普遍出现经营业绩差、亏损等问题。随着国有企业亏损面的不断扩大，以及国家财政负担的不断加重，中央于是提出国有企业战略性改组思想，以解决国有企业所面临的各种困境。

3. “国有企业战略性改组”改革过程

从 1995 年开始，国企改革从单个企业试点转为对整个国有经济进行改革，“整体搞活”逐步取代了“单个搞活”的思路。1995 年 9 月，十四届五中全会提出“国有企业实施战略性改组，抓大放小”；到十五届四中全会，则提出“在战略上调整国有经济布局和改组国有企业”。当提出整体搞活国有企业时，由于长期积累的问题未得到解决，整个国有企业体系已经处于“1/3 明亏、1/3 潜亏”的困境当中。国有企业普遍存在发展资金不足、冗员过多以及社会负担过重等问题，因此部分国有企业采取了分立改制、上市融资等改革方式。1997 年，中央要求用三年左右的时间解决国有企业全面脱困问题，“抓大放小”、“战略性改组”改革加速推进。在国有企业整体布局方面国家逐步收缩战线，将重点领域确定为：涉及国家安全的行业、自然垄断的行业、提供公共产品和服务的行业以及支柱产业和高新技术产业中的骨干企业。2003 年国资委成立以后，国家把国有企业主要布局在石油石化、电力、国防、通信、运输、矿业、冶金、机械等领域。

4. “建立国有资产管理体制”改革过程

2002 年 11 月，十六大提出建立国有资产管理体制，中央政府和省市两级地方政府分别设立国有资产管理机构代表国家履行出资人职责。2003 年 3 月，国务院国有资产监督管理委员会（国资委）正式成立，并代表国家履行出资人职责，将关系国民经济命脉和国家安全的大型国有企业、基础设施和重要自然资源等纳入管辖范围。2003 年 10 月，十六届三中全会提出政府公共管理职能和国家资产出资人职能分开的要求，督促企业实现国有资产保值增值，防止国有资产流失，建立国有资本经营预算制度和企业经营业绩考核体系。2004 年 6 月，全国各省成立了与国资委相应的国有资产管理机构，截至 2007 年底，全国地市级国有资产监管机构与组织体系的组建工作基本完成。国资委以《企业国有资产监督管理暂行条例》为依据，共制定了企业改制、产权转让、资产评估、业绩考核、财务监管等 16 个规章和 40 余件规范性文件，各地国有资产监管机构也相继出台了 1 000 多件地方性法规和规章制度，国有资产监管的法规体系基本形成。

5. 配合改革的临时财政措施

1993 年 12 月，国务院《关于实行分税制财政管理体制的决定》提出："作为过渡措施，近期可根据具体情况，对 1993 年以前注册的多数国有全资老企业实行税后利润不上缴的办法，同时，微利企业交纳的所得税也不退库。"

（二）"建立现代企业制度"改革过程中的理论思想

国企改革实践走到"建立现代企业制度"这一步，已经完全从"被动式"改革转变为"主动式"改革，这一阶段最大的特点在于理论界已经自觉地运用现代"企业理论"工具作为改革指导。按照钱颖一的观点，企业理论主要研究企业的性质与界限、企业内部的组织结构、企业的资本结构以及企业所有权与控制权的分离四个方面的内容（钱颖一，1993）。而张维迎则认为，完整的企业理论至少要处理三个相互联系的问题：企业为什么存在，委托权如何分派，以及委托人控制代理人的最佳契约是什么（张维迎，1995）。就这一阶段的国有企业改革问题而言，理论的争议主要集中在是否必须以及如何通过产权改革来解决国有企业效率低下、防止国有资产流失的问题。

1. "建立现代企业制度"理论思想争论

林毅夫等人通过现代企业中委托－代理问题的形成与解决逻辑，来说明充分信息与市场竞争制度的重要性。由于所有者与经营者信息不对称、双方对于企业经营结果所负责任不对等这些问题的存在，因而需要通过制度安排来解决信息不对称问题，以防止代理人可能的机会主义行为。就国有企业而言，通过竞争市场环境形成平均利润作为考核经理的参照，可以从外部进行事后监督；而通过企业的治理结构设计，则可以从内部进行事前监督（林毅夫等，1997）。林毅夫等人的观点是通过内、外部公司治理机制的设计来解决国有企业经理人的监督与激励问题，而不是把侧重点放在产权制度改革上面。

张维迎则认为，国有企业应当解决经营者选择与经营者激励问题，其中经营者选择问题尤其重要。由于现代企业是一个团队生产组织，团队成员之间存在不可观测的信息问题，因而导致偷懒以及没有能力的人占据经营者位置的结果。这一问题的解决首先要求剩余索取权和剩余控制权相对应起来，将剩余索取权授予团队中最重要、最难监督以及拥有信息优势的那些人，并且由真正承担风险的资产所有者选择经营者。由于国有企业找不到真正的最终所有者，所以国家可以将国有产权转变为国有债权的方式占有国有资产，从而达到"旱涝保收"的目的（张维迎，1996）。从张维迎的观点中可以发现，剩余索取权与剩余控制权的对应实际上是要求明晰产权与落实控制权，而经营者的选择权应由产权的真正所有者来掌握。将国有产权转变为国有债权的思路并非因为国有债权是最优的选择，而是因为在公有制下真正的产权所有者缺失所导致的次优选择。

2. “建立现代企业制度”理论实践评价

政府财政困难往往是引发改革的最主要的原因。最初的国有企业改革发端于国家财政出现连年赤字的时期，股份制改革的最主要目的就是要解决企业的发展资金问题，而国有企业战略性改组也是因为中央财政无法继续负担国有企业的亏损。但是，建立国有资产管理体制作为“最主动”的改革，其结果却偏离了之前的方向。

国有企业股份制改革希望通过确立企业法人财产权和法人治理结构，促进企业转换经营机制，提高经营效率（郭克莎，1995）。从形式上而言，国有企业通过股份制改革可以解决政资不分从而政企不分的问题，也可以避免政府部门对企业的直接干预，保证企业自主经营。但是政府部门作为国有企业的控股股东，其所有者地位必须通过各种方式体现出来，所以“翻牌公司”并不能解决企业自主经营的问题，国有企业也就无法抵挡住来自民营经济和外资企业的挑战。虽然股份制改革没能实现国有企业摆脱内部人控制以及经营低效率的问题，但这一阶段的改革毕竟为国有企业捋顺了产权关系，为下一步国有企业战略性改组打下了基础。

国有企业战略性改组以“抓大放小”为口号，其实质是“甩包袱”和“收缩国有企业战线”。“放小”名为放活小型国有企业，实则对其实行民营化，以减少政府的财政压力。该做法是仿效90年代初的“山东诸城模式”，只不过这一阶段的改革更为规模化。接手“放小”企业的经营者通常是原有企业的管理者或核心技术人员，他们非常了解该企业及其相关市场，因而民营化之后企业的经营很快好转。如果不从国有资产流失的角度看待“放小”问题，那么这一改革形式实际上是帕累托改进，即主管部门甩掉了包袱、原有经营者与职工都因为企业效益提高而受益。在“抓大”的过程中，国有企业将战线收缩至有盈利潜力的垄断性行业与具有战略意义的稀缺资源领域。虽然企业的效率并没有因为“抓大”而立即提高，但由于处于垄断地位，该企业也能够维持下去。但是，随着非公有制经济的快速成长，国有企业整体仍然面临严峻的生存压力，因此中央提出“三年脱困”目标。“三年脱困”所采取的主要手法是分立改制、打包上市。通过将国有企业内部的优质资产单独打包或与其他企业的资产合并打包，组成一家盈利能力较强的公司进行上市，而原先的冗员或不良资产则留在母体公司当中。分立改制只是对原有资产进行了重新拆分组合，虽然没有实质性改变企业的经营能力，但由于打开了资金融通渠道、剥离出一部分社会负担，从而为将来的扩张打下了基础。

如果按照国有企业战略性改组的道路继续走下去，民营经济规模将越来越大，留守的国有企业则逐步向公共性经济领域收缩，中国的市场化改革也将趋于完善。然而，随着国有资产管理体制的建立与发展，形势发生了逆转，国有企业的经济实力开始壮大。当众多的公有制成员把权利委托给少数的代理人后，原来偏低的控制权强度事实上得到了加强，代理人成了更接近实际的所有者（刘世锦，1990）。国有资产管理体制下的主管部门——中央国资委或地方国资局单独拥有对企业的所有权，并且排除了政府其他部门对企业的行政干预，国有企业的实际产权得到了加强。也就是说，当代理人最终只剩下两个——国资委和国企经营者时，他们也就成了事实上的所有者。不仅如此，国有企业还因此谋取到了行政垄断权。所以，当主管部门和国有企业的利益渐渐达成了一致，在没有上缴利润要求的体制下，国有企业的经营问题似乎从此得到了解决。

四　国有企业改革过程中的政策推动①

理论界的研究探索与制度设计在国有企业改革过程中起到了重要的推动作用，但这并非是国有企业改革的主导力量，因为整个改革过程实际上是由政府实施的，政府机构作出的各项决议和颁布的各项政策法规直接影响到改革的过程，并且在很大程度上决定了国有企业改革的方向。无论是十一届三中全会对改革开放基本国策的确立，还是十四大对社会主义市场经济体制的确立，无论是十五届四中全会对国有经济战略性调整的决定，还是十六大对改革国有资产管理体制的重新阐释，这些政策对国有企业的改革模式都有着决定性的作用，并且对当前国有企业的发展有着深远的影响。在接下来的部分，作者将对国有企业改革过程中的一些重要政策法规进行回顾，以进一步揭示国有企业改革过程中的推动力量。

（一）十一届三中全会对改革开放基本国策的确立（1978年）

传统计划经济体制的主要特征是国家对经济实行全面的计划与控制，生产效率低下，社会物资匮乏。在农村，实行“集体式”生产方式，采取统购统销政策，农民没有劳动积极性。在城镇，国有企业作为行政部门的延伸机构完全没有经营自主权，企业的生产计划由行政部门制定，生产所需资源由行政部门调配，产品由行政部门统购统销，企业资金和财务也由行政部门统一调拨。在这种权力过于集中的计划体制下，不论是农村还是城镇，生产者都普遍缺乏劳动

① 本部分内容是吴敬琏教授提议增加的。他并且建议我们拜访一下直接参与国企改革的政府官员。为此我们登门拜访了陈清泰和洪虎两位先生，他们回顾了国企改革的历程，并提出了很多建设性的意见，在此予以感谢。

积极性，资源由计划而非市场来配置，配置的效率十分低下，价格机制完全被扭曲。到改革开放前夕，国民经济近于崩溃，传统的计划体制已经难以为继，人们对改革的需求越来越强烈。在这样的经济与社会背景下，1978 年 12 月中共十一届三中全会通过了《中国共产党第十一届中央委员会第三次全体会议公报》，确立了改革开放的基本国策，从而为工农业改革扫除了基本的政治障碍。

从十一届三中全会作出的决议来看，此时的社会主义建设目标主要是实现四个现代化，改革重点放在农业上，工业企业改革处在试点阶段。由于缺乏改革的实践经验，“摸着石头过河”成为主要的改革方法论，经过一系列的试验、总结、推广、调整，经济改革逐步展开。在农业方面，十一届三中全会作出决议，在全国范围内讨论和试点《中共中央关于加快农业发展若干问题的决定（草案）》和《农村人民公社工作条例（试行草案）》；在工业方面，简政放权、减税让利成为国有企业改革的主要思路。

在坚持计划经济体制不变的前提下，围绕国有企业放权让利改革，国务院于 1979 年 7 月颁发了《关于扩大国营工业企业经营管理自主权的若干规定》（第一个“扩权十条”）、《关于国营企业利润留成的规定》、《关于开征国营企业固定资产税的暂行规定》、《关于提高国营企业固定资产折旧率和改进折旧费使用办法的暂行规定》以及《关于国营工业企业实行流动资金全额信贷的暂行规定》等 5 个文件。在之后的几年时间里，国务院、国家经贸委、财政部等政府部门又陆续颁发了多项政策法规，扩大放权让利改革试点的范围，包括《关于国营工业企业利润留成试行办法》、《国务院关于实行“划分收支、分级包干”财政管理体制的通知》、《贯彻落实国务院有关扩权文件，巩固提高扩权工作的具体实施暂行办法》、《关于实行工业生产经济责任制若干问题的意见》、《关于实行工业生产经济责任制若干问题的暂行规定》、《关于国营公交企业实行利润留成和盈亏包干办法的若干规定》、《关于国营企业利改税试行办法》等等。

从十一届三中全会到十二届三中全会这 5 年时间里，经济体制改革首先在农村取得了巨大的成就。农村改革的成功经验、农村经济发展对城市的要求，为改革重心转移到城市提供了有利的条件。1984 年 10 月，中共十二届三中全会通过了《中共中央关于经济体制改革的决定》，提出了加快城市为重点的整个经济体制改革的必要性和紧迫性，标志着改革由农村走向城市。

传统的观念认为，市场经济是资本主义特有的东西，而计划经济才是社会主义经济的基本特征。经过改革的探索与实践，这一观念正在改变，十二届三中全会指出“商品经济是社会经济发展不可逾越的阶段，我国社会主义经济是公有制基础上的计划商品经济”。十二届三中全会把增强企业活力作为经济体制改革的中心环节，并且将扩大企业自主权和保证劳动者在企业的主人翁地位提到了一定的高度，国有企业改革逐步深入到企业微观层面。

在1984—1991年这几年时间里，国有企业在两权分离理论的指导下继续放权让利，并且开展了多项改革探索，制定了多项政策法规。这期间，由国务院、经贸委、财政部、体改委等政府行政部门以及人大立法部门等制定和颁发的政策法规主要包括：《国营企业第二步利改税试行办法》、《关于国家预算内基本建设投资全部由拨款改为贷款的暂行规定》、《中华人民共和国会计法》、《关于深化改革、完善承包经营责任制的意见》、《全民所有制工业企业承包经营责任制暂行条例》、《中华人民共和国全民所有制工业企业法》、《中华人民共和国中外合作经营企业法》、《国营企业实行“利税分流、税后还贷、税后承包”的试点办法》，等等。

（二）十四大对社会主义市场经济体制的确认（1992年）

在1978—1991年的这十几年改革过程中，为了尽可能地增强国有企业的活力，国务院和各个行政部门在坚守计划经济体制的前提下，最大限度地给企业下放权力。然而，大面积的放权并没有从根本上解决国有企业的问题。一方面，“头痛医头、脚痛医脚”的放权模式使得国有企业掉入了“一抓就死、一放就乱”的怪圈；另一方面，在各种社会负担及经济体制的束缚下，国有企业普遍感到自主权不足。此时，一场更深层次的改革正酝酿成熟。1992年10月，十四大报告《加快改革开放和现代化建设步伐，夺取有中国特色社会主义事业的更大胜利》正式确立了“中国经济体制改革的目标是建设社会主义市场经济体制”，社会主义市场经济体制的提出，极大地影响到之后国有企业改革的方向。

在1992年社会主义市场经济体制提出的前几年，国内外政治形势出现了巨大的变化。在国际上，东欧剧变和苏联解体使得国际共产主义运动遭受到严重的挫折；在国内，关于姓“资”姓“社”问题的争论日益激烈。事实上，国有企业改革所面临的政治阻力主要来自于公有制和市场经济能否结合的问题，因为传统的观念一直认为市场经济是资本主义的主要特征。1992年，邓小平南巡讲话为确立社会市场经济体制的合法政治地位奠定了重要的思想基础，邓小平在讲话中提出了改革开放的标准不是姓“资”姓“社”，而要看“是否有利于发展社会主义社会的生产力，是否有利于增强社会主义国家的综合国力，是否有利于提高人们的生活水平”；此外，邓小平还提出了改革的目标模式是社会主义市场经济。社会主义市场经济作为中国基本经济制度，在之后的1993年被写入《宪法》。

相对于确立社会主义市场经济体制的艰难，在如何建立社会主义市场经济体制的问题上人们就很快达成共识，即加快国有企业管理体制改革、加快发展和培育社会主义市场体系、加快健全宏观经济调控体系。1992年7月，国务院发布《全民所有制工业企业转换经营机制条例》，指出“转换企业经营机制的目标，是使企业适应市场的要求，成为依法自主经营、自负盈亏、自我发展、自我约束的商品生产和经营单位，成为独立享有民事权利和承担民事义务的企业法人”。1992 年，国务院和其他各级政府部门围绕股份制改革，颁布了多项政策法规，大大促进了国有企业改革。

1994 年国家经贸委发布《关于转换国有企业经营机制，建立现代企业制度的若干意见的通知》，开始试行现代企业制度改革。虽然现代企业制度的概念早在 1988 年就已出现，但由于当时改革的主流思想是承包经营责任制，因而该思想没有成为改革的主流。重新被重视起来的现代企业制度，是在新的两权分离理论指导下的改革探索，对法人财产制度的建立具有重大的意义。经过现代企业制度改革，国有企业逐步成为独立的法人经济实体，承担起有限的法人责任。

现代企业制度首先要求产权清晰，而在传统的全民所有制体制中企业财产的出资人是不明确的，因此“人人所有、无人负责”的现象时常发生。为此，国务院有关部门组成了《国有资产经营与管理的现状及改革的政策性建议》调查小组，积极探索国有资产管理和运营体制改革。1994 年 7 月，国务院发布《国有企业财产监督管理条例》，明确国有企业财产属于国家所有，企业对国家授予其经营管理的财产依法自主经营，享有占有、使用和依法处分的权利；国务院代表国家统一行使对企业财产的所有权，实行分级管理和分级监督。

1995 年财政部《关于“优化资本结构”试点城市国有工业企业补充流动资本有关问题的通知》、劳动部和国家经贸委《关于配合企业深化改革试点做好失业保险工作的通知》、国家经贸委等 5 部门《关于若干城市分离企业办社会职能分流富余人员的意见》等政策法规的发布，对国企改革中出现的问题作出了安排。到 1995 年十四届五中全会通过《中共中央关于制定国民经济和社会发展“九五”计划和 2010 年远景目标的建议》和 1996 年国家体改委《关于加快国有小企业改革的若干意见》、国家经贸委《关于放开搞活国有小型企业的意见》等政策法规的颁布，国有企业改革步伐全面加快。

（三）十五届四中全会对国有经济战略性调整的决定（1999 年）

1999 年 9 月，中共十五届四中全会通过了《中共中央关于国有企业改革和发展若干重大问题的决定》，对国有企业改革和发展提出了近期和中长期目标，即“用三年左右的时间，使大多数国有大中型亏损企业摆脱困境，力争到本世纪末大多数国有大中型骨干企业初步建立现代企业制度……到 2010 年，基本完成战略性调整和改组，形成比较合理的国有经济布局和结构，建立比较完善的现代企业制度……使国有经济在国民经济中更好地发挥主导作用”。在该文件中，“三年脱困”和“战略性布局”的提出对于国有企业的改革影响深远。

在过去 20 多年的市场化改革过程中，随着政府部门逐步放开进入管制，国有企业遭遇到越来越多的市场竞争。由于体制性包袱和自身经营效率等原因，国有企业在市场竞争中屡屡败阵，亏损面越来越大。为了扭转继续亏损的局面，国有企业在经济布局上，不得不放弃竞争性领域，退守到垄断性、基础性、资源性领域之中；在制度建设上，进一步完善现代企业制度建设，探索国有资产管理模式，“抓大放小”，放开搞活国有中小企业。1999 年，国家经贸委、财政部、中国人民银行发布的《关于出售国有小型企业中若干问题的意见》，国家经贸委、人民银行发布的《关于实施债权转股权若干问题的意见》，财政部《关于企业国有资产办理无偿划转手续的规定》等政策就是在这一背景下推出的。

（四）十六大对改革国有资产管理体制的规定（2002 年）

国有经济战略性调整政策的实施以及大中型国有企业建立现代企业制度，为国有企业走出困境创造了条件。2002 年，国有经济继续向重点行业、大型重点企业集聚，并在石油、石化、电力、电信、冶金、有色、铁路、军工等关键性的重大领域取得了突破。由于这些领域均带有垄断性质，加上政府部门给予多重行政保护，因而该领域内的国有企业很快扭亏为盈，并且迅速扩张。通过上市融资、中外合资和互相参股，实行股份制，相当一批企业进行了公司制改革，为国有资产管理体制的建立做好了准备。

2002 年 11 月，中共十六大报告对国有资产管理体制框架作出了新的规定，指出“在坚持国家所有的前提下，建立中央政府和地方政府分别代表国家履行出资人职责，享有所有者权益，权利、义务和责任相统一，管资产和管人、管事相结合的国有资产管理体制。关系国民经济命脉和国家安全的大型国有企业、基础设施和重要自然资源等，由中央政府代表国家履行出资人职责。其他国有资产由地方政府代表国家履行出资人职责”。十六大报告在对国有资产管理体制框架的规定中，由于没有明确区分“监督国有资产”和“管理国有资产”这两个职能，而是草率地将它们混为一谈，因此为将来出现“管干不分”、“既当裁判又当运动员”的结果埋下了隐患。

2003 年 3 月，国有资产监督管理委员会作为国务院的一个特设机构正式成立，代表国家履行出资人职责。同年 5 月，国务院第 8 次常务会议通过了《企业国有资产监督管理暂行条例》，为国资委监督管理国有企业提供了政策与法律依据。在随后的几个月时间里，《关于公布国务院国有资产监督管理委员会履行出资人职责企业名单的通知》（国务院办公厅发布）、《中央企业负责人经营业绩考核暂行办法》（国资委发布）、《关于规范国有企业改制工作意见的通知》（国务院办公厅转发国资委）、《企业国有产权转让管理暂行办法》（国资委发布）等政策法规相继发布，国资委体制终于得以建立。

国务院成立国资委的初衷在于为庞大的国有资产配备一个“出资人”，即由国资委在中央政府和地方政府的授权下“代表国家履行出资人职责，享有所有者权益”。作为国有资产的出资人，国资委在法律上应当是一个民事主体，与国有企业及其他民事主体处于同样的法律地位。然而，从结果来看，现实中的国资委远远超出了民事主体的范围，而是一个典型的行政主体。虽然国有企业在国资委体制下可以避免来自诸多主管部门的行政干预，可以得到更多的行政保护，并且依靠垄断特权走出困境，但是国有企业长期存在的政企不分问题始终得不到解决，国有企业低效率的问题也只是通过扭曲市场机制、不付或少付资源成本等方式暂时得到掩盖。2008 年 10 月，第十一届全国人大第五次会议通过了《中华人民共和国企业国有资产法》（简称《国资法》），从法律层面上将现有的国资委体制加以制度化。虽然《国资法》的颁布一方面对于规范国有资产的监督管理具有一定的促进作用，但是另一方面也对现有不合理的机制加以固化，为将来的进一步改革设置了障碍。

五 总　结

中国的经济体制改革是在对旧体制不断反思的基础上展开的，由于绝大部分利益主体在这一过程中都有所获益，因此这种改革同时具有渐进式与增量式两种特征。就国有企业而言，渐进式改革表现为从体制内调整发展到对体制本身进行改革，而增量式改革则表现在整个国民经济效率的提高以及国有企业战略收缩后的整体脱困。国有企业改革不仅在经济绩效上获得了很大的成就，而且在改革理论上也取得了前所未有的突破。然而，公有制经济体制中国有企业存在的剩余索取权和剩余控制权不相对应的问题，虽然在国资委与国有企业之间的“合谋”中得到了一定程度的缓解，但是这种“合谋”不仅无法从根本上解决问题，而且还会对市场经济规则带来致命的伤害。

第二章　国有资产及企业的分类

按照企业所属的经济部门，国有企业传统上一般划分为国有工业企业、建筑安装企业、交通邮电企业、商业服务企业、金融企业。随着经济体制的发展和改革，出现了各种体制上和资产性质上的变化。我们一般按资产性质和归口管理分类。

一　按资产性质划分

按资产的性质，国有资产可分为经营性资产、行政事业性资产和资源性资产和其他权益性资产，其他权益性资产又包括债权、无形债权、国家专有技术的发明等。

经营性国有资产是指国家作为出资者在企业中依法拥有的资本及其权益，包括企业国有资产，行政事业单位占有、使用的非经营性资产通过各种形式为获取利润转作经营的资产，国有资源中投入生产经营过程的部分。根据企业资产经营活动的性质，经营性国有资产进一步分为三类：非金融企业国有资产、金融企业国有资产和事业单位经营性国有资产。

金融性国有资产包括国有银行、证券、保险、基金等金融性机构的资产，非金融性国有资产主要指国有工商企业的资产。到2009年，非金融国有企业中，中央企业净资产102 667亿元，地方企业净资产61 669亿元。截至2007年末，中央级金融类企业国有资本总额1.2万亿元，占全部实收资本的80%以上，管理的资产总额已逾40万亿元。

行政事业性资产是国家向行政事业单位拨款形成的非经营性资产，包括政府机构、军队以及文化、教育、卫生、科研、新闻、司法、社会福利等行政单位或事业单位所占用的国有财产。根据财政部数据，截至2008年12月31日，全国行政事业单位资产总额9.04万亿元，扣除负债后净资产总额6.10万亿元，行政事业单位净资产约占全部国有净资产总额的1/3。

资源性资产分为两部分，一部分是国家占有的土地，另一部分属于探明或者没有探明的潜在的矿产资源等自然性资产。

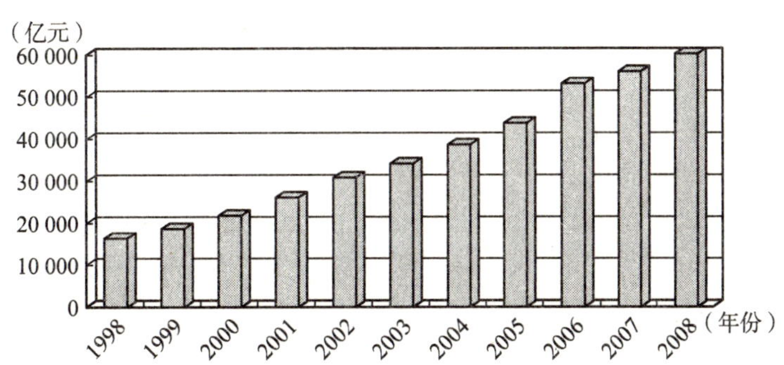

图2.1　1998—2008年行政事业单位国有资产净值

资料来源：财政部网站，“行政事业单位国有资产管理”。

二　按归口管理划分

从资产的角度，对国有资产的界定比较清晰。但是这些资产最终仍然具体落实到不同企业经营中，属于不同的部门管理。根据归口的不同，国有企业可分为：（1）由国务院国有资产监督管理委员会监督管理的中央企业；（2）地方国资委监管的地方国企；（3）由财政部监管的三类企业：中央行政事业单位所属企业、金融企业以及财务关系在财政部单列的国有企业。

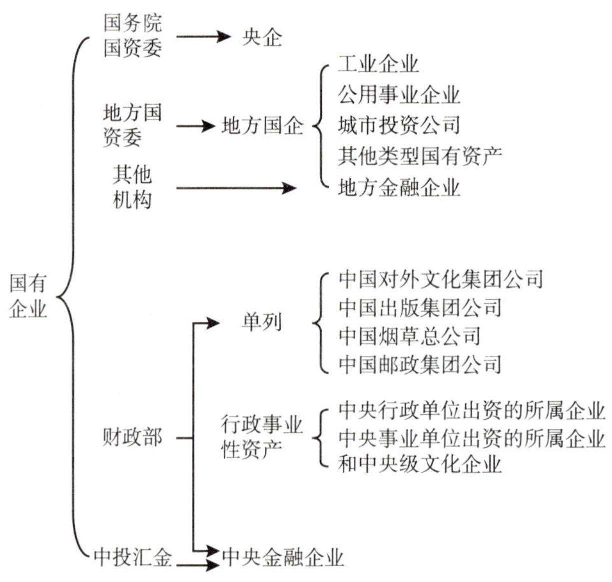

图 2.2　按照归口划分的国有企业

（一）国务院国资委监管的国有企业

国资委管理的企业包括由国务院国有资产管理委员会监督管理的国有企业（央企）和地方国资委监督管理的国有企业（地方国企）。2009 年末，129 家中央企业拥有国有资本及权益为 62 930.9 亿元，中央企业资产总额 210 580.8 亿元。2010 年，国务院国资委履行出资人职责的企业（央企）进一步缩减为 123 户。

涉及的行业主要有军工、石油石化、钢铁、电力、机械设备制造、通信、航空运输、水运、建筑施工、投资和商贸企业、生产经营型的科技型企业等。其中，科技型企业是央企中特殊的群体，均由原来的部属科研院所 1990 年代末改制而来，2003 年国资委成立之初有 29 家归入国资委管理，被定性为生产经营型的科技型央企。经几轮并购以后，目前有 10 家规模较大的科技型央企，其资产总量、利润总额等指标在国务院国资委监管的央企总规模中所占比重不到1%。

表2.1 中央企业2009年度国有资产运营情况（单位：亿元）

	总资产	营业总收入	利润总额	归属于母公司所有者的净利润	实际上缴税金总额	国有资产总量
总额	210 580.8	126 271.6	8 151.2	3 989.6	11 474.8	62 931.7
石油石化	40 286.4	28 198.1	2 626.5	1 343.1	4 895.5	19 420.4
钢铁	8 034.8	4 576.6	197.4	127.5	323.2	3 226.2
电力	47 789.6	22 510.1	419.0	66.3	1 739.5	10 437.5
通信	21 169.1	8 920.8	1 655.8	797.1	952.7	10 586.2
航空运输	3 024.1	1 513.9	68.2	35.6	116.6	260.1
水运	5 504.5	2 380.3	37.8	36.2	79.2	2 014.3
其他	84 772.3	58 171.8	3 146.5	1 583.8	3 368.1	16 987.0

数据来源：国资委财务监督与考核评价局，2010A。

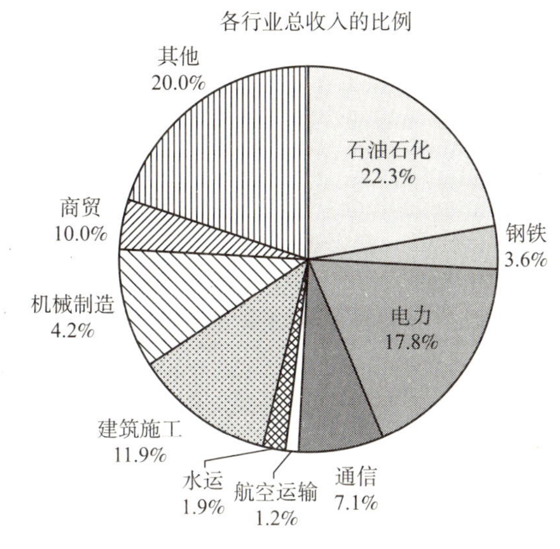

图2.3 央企各行业总收入比例

从行业上看，国资委监管的企业主要是工业企业，但是从资产的性质上，国资委是一部分金融资产的监管者。因为随着企业间相互参股带来的产权结构的多元化和多层级，以及企业的混业经营，很多工业企业也开始大规模地投资经营金融业。在过去两年中，中石油、中石化、中海油和中国国际航空公司等中央国企在金融业投下了大笔资金，中意人寿、海康人寿等这些合资保险公司拥有的国有股权，都被计入了国资委的名下。国资委单纯作为“非金融国资”出资人的角色正变得模糊。

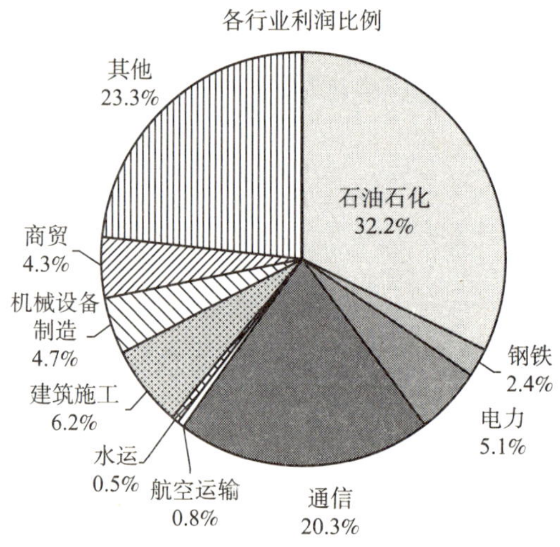

图 2.4　央企各行业利润比例

数据来源：国资委财务监督与考核评价局，2010B。

（二）地方国资委监管的企业

在地方一级，对国有企业的管理机构并不完全和中央层级垂直对接，国资委管理的国有资产的范围更广。2009 年 8 月，国务院国资委发布了《关于进一步加强地方国有资产监管工作的若干意见》，首次提出地方国资委可根据本级人民政府授权，逐步将地方金融企业国有资产、事业单位投资形成的经营性国有资产、非经营性转经营性国有资产一并纳入监管范围。目前各地国资委的监管范围不尽相同，例如北京国资委监管范围已经超过本地国有资产的 95%。2010 年 1 月 11 日，广州市政府通过《市财政局监管的国有企业分步移交市国资委管理的工作方案》，规划将全市经营性国有资产纳入国资监管机构统一监管。此外还有上海、重庆等多个省市将金融国有资产纳入到了市国资委的监管范围。

《企业国有资产法》里面虽然提出："国务院国有资产监督管理机构和地方人民政府按照国务院的规定设立的国有资产监督管理机构，根据本级人民政府的授权，代表本级人民政府对国家出资企业履行出资人职责。"不过，该条款同时还补充说，"国务院和地方人民政府根据需要，可以授权其他部门、机构代表本级人民政府对国家出资企业履行出资人职责。"因此，在对地方金融企业国有资产的管理上，除了地方国资委直接代表政府行使出资人权利外，还存在另外两种类型，一种是由地方金融办行使出资人权利，还有一种由政府控股的企业行使出资人权利。

（三）财政部监管的企业

财政部监管的企业主要分为三类：

第一类是部属企业，即中央行政事业单位所属企业，共有 82 个部门 6 000 多家企业。中央行政事业单位所属企业（中国人民银行、银监会、证监会、保监会、全国社保基金理事会、民航局所属企业，国防科工局等军工部门所属企业除外）国有资产监管工作按照企业“出资人”性质分别归口财政部行政政法司和教科文司管理。即中央行政单位出资的所属企业（不含文化企业）由行政政法司负责；中央事业单位出资的所属企业和中央级文化企业由教科文司负责；既有中央行政单位出资，又有中央事业单位出资的企业，根据“出资金额占比孰高”的原则确定由行政政法司或教科文司负责。

财政部公布的数据显示，2010 年前 8 个月，中央企业实现利润 8 772.7 亿元，其中部属央企 1 544.5 亿元。国务院有明确规定，中央部委不允许办企业，现在的部属央企是中央部委下属事业单位所办或行政单位后勤服务中心成立的企业。

第二类是金融类企业。金融企业国有资产，是指各级人民政府及其授权投资主体对金融企业各种形式的出资所形成的权益。在四大国有银行股份制改革启动之前，财政部一直行使国有独资金融机构的出资人代表的职责，在 2003 年 12 月 30 日，在中行和建行股改启动之后，中央汇金公司开始扮演中行和建行出资人的角色。目前，国有金融资产主要是财政部以及财政部通过中投公司全资持有的汇金公司持有。但是财政部作为国有金融资产出资人的地位并没有得到明确的法律授权。

2006 年以后，财政部出台了一系列政策，涉及国有金融企业的资产评估、产权登记、转让和国有资本经营预算等各个层面，不断强化财政部对金融国有资产的监管权力。其中，《金融控股公司财务管理若干规定》（财金［2009］89 号）中对中国中信集团公司、中国光大（集团）总公司、中国光大集团有限公司明确了财政部出资人的角色——金融控股公司国有资本由财政部代表国家持有。2009 年 3 月 17 日发布了《金融企业国有资产转让管理办法》，将金融国资转让审批权统一归口在各级财政部门。《办法》规定的财政部对金融国有企业监管范围包括：国有及国有控股的证券公司、基金管理公司、资产管理公司、信托公司和保险资产管理公司；中国人民银行总行所属企业、中国投资有限责任公司（含中央汇金投资有限责任公司）、信用担保公司以及其他金融类企业。同时监管范围还包括金融资产管理公司，是指中国华融资产管理公司、中国长城资产管理公司、中国东方资产管理公司和中国信达资产管理公司。

中央汇金投资有限责任公司是中国投资有限责任公司的全资子公司，是根据国务院授权，对国有重点金融企业进行股权投资，以出资额为限代表国家依法对国有重点金融企业行使出资人权利和履行出资人义务，实现国有金融资产保值增值的国有企业。中国银行、中国工商银行、中国建设银行和中国农业银行四大国有商业银行主要由汇金控股并被派驻董事。2009 年 5 月，财政部《金融类企业国有产权转让管理办法》正式施行，明确了财政部在国有金融资产转让问题上的审批权；而汇金行使股东监管职能。汇金公司主要控股参股涉及银行、保险、证券和投资的 12 家金融机构。

第三类是财务关系在财政部单列的国有企业，包括中国对外文化集团公司、中国出版集团公司和中国烟草总公司，中国邮政集团公司目前暂由财政部履行出资人职责。

中国对外文化集团公司、中国出版集团公司和中国烟草总公司都是由国务院作为出资人，并授权财政部依法对集团的经营性国有资产进行监管，分别由文化部、新闻出版总署、工业和信息化部作为行政主管部门。

第三章 国有企业的当下表现（一）：效率

在本研究的分析中，“国有企业”主要是指上一章所划分的由国务院国有资产监督管理委员会和地方政府的国资委管辖的国有企业；但从广义上，也不排除将其他类型的国有企业，如金融类国有企业纳入讨论。由于数据的限制，本章中有关“国有企业”总量的数据主要是出自国家统计局的“国有及国有控股工业企业”的数据。

一 关于国有企业效率研究的综述

对国有企业效率的研究主要集中在下面几个领域：国有企业变迁过程中绩效的变化及其影响因素；不同所有制比重的企业效率的比较；不同地区之间效率的差异；对国有企业/工业生产率的研究；这些研究以实证为主。一些典型的文献如下：

刘小玄（2000，2004）运用全国普查数据度量了影响产业效率的因素，发现产业中的不同所有制比重对于产业效率具有十分重要的影响作用。王志刚等（2006）运用1978—2003年的分省数据，采用随机前沿模型对各地区之间的生产效率进行度量比较和分析，发现东部地区效率最高，其次是中部和西部，各地区间效率差异在此期间基本保持不变。许小年（1997）对中国上市公司的研究表明：国有控股比例越高的公司，绩效越差；法人股比例越高的公司，绩效越好；个人股比例与企业绩效基本无关。徐晓东、陈小悦（2003）发现，中国上市公司第一大股东的所有权性质不同，其公司业绩、股权结构和治理结构也不同。第一大股东为非国家股东的公司有着更高的企业价值和更强的盈利能力。姚洋（1998）利用第三次普查的企业资料就非国有经济成分对中国工业企业技术效率的内部和外部效应进行了实证研究，结果发现，非国有企业的效率高于国有企业。陈晓、江东（2000）指出，非国有企业的效率较高的结果只有在竞争性行业较为显著。

下面用效率的两个主要指标——财务指标和生产率指标来重点分析几篇文献。

（一）以财务指标为主的效率研究

以刘小玄和李利英（2005）和胡一帆等（2006）两篇重要文献来深入分析其对国有企业效率的研究。刘小玄和李利英（2005）通过对于451家样本企业（1994—1999）的调查数据的分析、抽象和概括，得到了企业改制的典型特征。他们对不同产权类型企业的效率进行了横向和纵向的比较。结论是：改制企业的确比未改制企业的效率更高，个人资本股权较多的企业比国有资本较多的企业具有更好的效率。值得一提的是，调查样本主要集中在四个产业——纺织、机械、电子、化工。它们都是一些竞争性的行业，都是在当时进行了较为普遍的大规模的改制实践，但同时还有相当一部分国有资本未能退出，因而能够代表大多数中国企业的转轨特征。

该文章的计算方法是CD生产函数和超越对数生产函数的计量模型，解释变量有股权资本结构，即国家资本、集体资本、法人资本、个人资本、港澳台资本和外商资本；持股结构，即不同的持股主体所持有的股权比重，持股主体包括政府部门、企业法人、外资投资者、企业经营者、企业员工、外部自然人等等；改制的发起者；隶属关系指标，具体包括中央、省、地市、县区、乡镇村和其他六种等级指标；行业、地区和年份指标。

结论是：在企业的资本股权结构中，国有资本具有与企业效率的反向关系，相对来说，国家资本具有十分显著的、最低的产出效率。同时，个人资本则具有与效率的正相关关系，具有十分稳定和显著的较高产出效率。港澳台、外商和法人资本也具有显著的良好效率。即使是集体资本，其相对于国家资本来说，也具有较好的效率水平。

胡一帆等（2006）针对国有企业的民营化的绩效进行了研究。这项研究的基础是基于世界银行关于299家中国制造业公司的调查资料。在299家样本公司中，135家公司是国有独资企业，其他164家公司则为调查期间已经被改制的原国有企业，包括52家改制后民营控股超过50%的企业。

文章对企业绩效的分析结果是：收益率，民营化后所有三个收益率指标都得到显著提高。收入与成本，销售收入的大幅度增加和单位销售收入成本的显著下降，使得公司的盈利性得到显著提高。关于生产率，民营化后公司生产率得到了显著的提高。

文章还比较了彻底民营化和部分民营化绩效的差异。结论是：彻底民营化的效果好于部分民营化；改制后民营控股公司的盈利能力和生产效率均高于国有控股公司。

（二）以生产率等指标为主的效率研究

国内研究企业生产率的学者主要是郑京海。郑京海等（2002）较早地利用1980—1994年700家国有企业调研数据，以生产率的增长及其组成部分效率变化和技术进步为因变量，考察了各种内外生因素对其的影响。郑京海等（2004）运用中国1979—2001年29个省级水平面板数据，发现中国经济增长在1978—1995年期间经历了一个TFP高增长期（4.6%）；而在1996—2001年期间出现低增长期（0.6%）。

此外，涂正革和肖耿（2005）运用企业水平的面板数据，采用随机前沿生产函数模型，研究了中国的37个工业产业的大中型企业1995—2002年的全要素生产率的变化，发现在此期间TFP平均年增长率达到6.8%，呈现出十分迅速的上升态势。

刘小玄等（2009）分析了企业的生产率增长的来源，从另一个角度对企业的效率进行了分析。在这篇文章中，企业生产率的指标是Malmquist生产率指数。M指数可以分解成技术效率（EC）和技术进步（TC），前者反映了观察值企业与最佳前沿的相对差距，表明企业相对效率的变化；后者反映了最佳生产前沿的移动变化，表明了企业所具有的增长效应的能力。文章考察了不同所有制企业的效率增长率及其比较。结论是：从企业的生产率增长（M指数）来看，国有及控股企业增长幅度最大。国有及控股企业的生产率增长主要源于效率（EC）的增长。然而，国企的技术进步率的提高却十分有限，并未能够超过民企的技术进步率。

最近，中国国际金融有限公司第111期《宏观经济周报》，通过全要素生产率（TFP）测算了不同行业的效率。其通过面板数据对各工业行业的全要素生产率进行分析，研究结果显示，2002—2008年期间，各工业行业的TFP平均增速达7.4%，对工业增加值（VAI）的增长贡献率平均达25.5%。分行业来看，与产业升级和出口结构升级相关的机械制造行业，以及与房地产和消费等内需相关的钢铁、水泥、仪表仪器、汽车、饮料等行业的TFP平均增速及其增长贡献率位居前列。而国有垄断行业（如电力、热力的生产和供应、石油加工及炼焦等）的TFP增速则差强人意，平均仅为0.4%，对其VAI的增长贡献率也只有2.8%，分别远低于非国有垄断行业的8.2%和35.4%，显示国有垄断行业效率低下，如果未来实现“国退民进”，潜在的改善空间巨大（2010）。

（三）关于国有企业和民营企业的效率比较

Jefferson等人（2003）利用22000家中国的大中型工业企业1994—1999年的数据，在各年度分别度量和比较了不同所有制企业的效率，发现国有制比重与生产率之间存在明显的负相关性，因而表明国有企业的所有制多元化改革是成功的；而且，即使是具有较低国有产权比重的国有企业，其效率也低于其他任何所有权类型的企业。

姚洋（1998）利用第三次普查的企业资料就非国有经济成分对中国工业企业技术效率的内部和外部效应进行了实证研究，结果发现，非国有企业的效率高于国有企业。

刘小玄（2004）对2001年全国基本单位普查数据分析后发现，国有企业对于效率有明显的负作用，民营企业对于效率则有正面的作用。

上述刘小玄和李利英（2005）以及胡一帆的文章从国有企业改制后与未改制的国有企业效率的比较的角度，考察了对于国有企业而言，改制后的企业效率更好。不过，从企业的生产率的角度来看，刘小玄（2009）的结论却相反。

二 本报告对效率的基本研究取向

综上所述，对效率的研究基本有两种取向：第一是财务学角度的研究，用企业的财务指标，如净资产利润率等表示的经营效率；第二是经济学或经济统计学角度的研究，如技术效率、全要素生产率等。

前述文献在各个方面对企业的效率进行的研究，最为精确的是从全要素生产率（TFP）的角度来计算，然而用TFP的方法来分析国有企业和民营企业的效率，尤其是大量数据时，很难作出令人信服的结论，其主要原因是现有数据中国有企业和民营企业是很难甄别的，即使在一个行业内，也难以找到清晰界定国有企业和民营企业的数据，例如表面上是股份制有限公司，实际控制权或许是国有企业。另外，由于资源和数据的制约，进行全要素生产率研究的难度更大。

鉴于上述原因，本报告采取财务学角度的研究取向。然而，这一取向要求在作横向比较时，各企业的财务制度和财务科目基本对应，否则“利润”二字就不可比较。弗里德曼（2011，第310页）曾指出，如果企业使用自有资金或自有土地，与借入资金和租用土地的企业的名义利润就会不同。在我国，由于国有企业在土地占有和使用、资金获得以及其他自然资源的获得与使用方面，与非国有企业有着明显的不同。所以要对现有的财务数据作某种处理，才能进行比较。

我们认为，国有企业存在名义绩效与真实绩效之间的差额。因此，研究国有企业效率的关键环节在于，要从账面数据中还原企业的真实成本，并对政府补贴和因行政垄断所致的超额利润予以扣除，从而测算国有企业的真实绩效。

三　国有及国有控股工业企业的名义绩效

根据《中国统计年鉴2010》，2001年至2009年国有及国有控股工业企业累计获得利润总额为58 461.82亿元，2009年的账面利润总额比2001年增长了3.89倍。统计年鉴中只列出了每年利润额，本报告设定国有及国有控股企业和其他类型企业在承担的所得税税率相同的情况下，国有企业累计获得净利润约为40 517.14亿元，2009年的账面净利润比2001年增长了4.37倍。

尽管国有企业利润率取得了明显的增长，但仍然低于非国有企业的水平。2009全国非国有工业企业净资产收益率为15.59%，国有企业净资产收益率为8.18%，前者几乎是后者的两倍。见下图。2001年至2009年，国有及国有控股企业加权平均的净资产收益率为8.16%；而非国有企业为12.91%，比国有企业高出58.21%。由此可见，国有及国有控股企业的名义绩效也不够高。

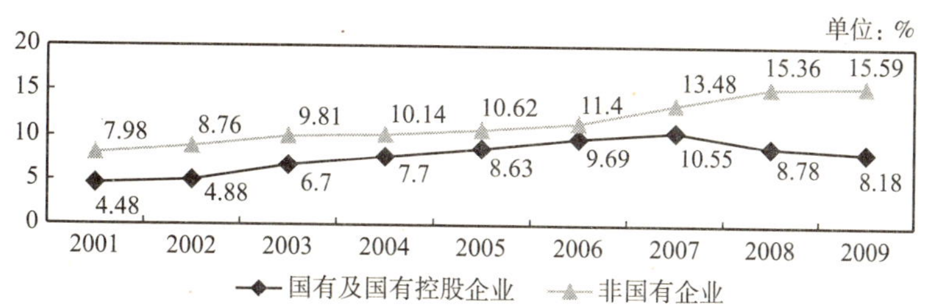

图3.1　2001—2009年国有企业和其他企业的名义净资产收益率比较

数据来源：根据《中国统计年鉴2010》数据计算。

即便如此，国有企业表现出来的绩效并非其真实绩效，是国有企业在享受着种种政策优惠，和民营企业在不平等的经营环境下所体现出的绩效。这种不平等主要体现在资源租金、融资成本以及政府财政补贴等方面。

四　还原：应付未付成本与补贴

（一）土地租金的缴纳情况

在2002年之前，我国国有土地主要以划拨和协议出让方式提供。根据国家统计局数据，1995年以划拨方式出让土地占全部出让土地面积的87.2%，1996年这一比例为89.5%。

在国有企业改制过程中，针对此前以无偿划拨方式获得的土地的国有企业，《国有企业改革中划拨土地使用权管理暂行规定》（1998）中第四条规定：国家根据需要，可以以一定年期的国有土地使用权作价后授权给经国务院批准设立的国家控股公司、作为国家授权投资机构的国有独资公司和集团公司经营管理。被授权的国家控股公司、作为国家授权投资机构的国有独资公司和集团公司凭授权书，可以向其直属企业、控股企业、参股企业以作价出资（入股）或租赁等方式配置土地。

《规定》虽然强调了国家对于土地使用权的收益，但是并没有收取相应的土地租金，即国家并未完全实现对土地的收益权。根据2004年《国家税务总局关于中国石油化工集团公司土地租金收入征收营业税问题的通知》，国土资源部将4.2亿平方米原国有划拨土地授权石化集团公司经营管理并出租给中国石油化工股份有限公司（以下简称石化股份公司）使用，石化集团公司在全国各地取得的土地租金收入向其土地使用地主管税务机关申报缴纳营业税。即石化股份公司向集团缴纳租金，而集团只需根据租金收入缴纳5%的营业税（国家税务局，2004）。这一《通知》虽然是一个个案，却代表了一个一般原则，即相关行政部门放弃对国有土地租金的收取，通过对国有企业地租收入征收营业税，承认国有土地租金是国有企业的合法收入。应该说，这一《通知》超出了相关行政部门的权力范围，与宪法原则不相吻合。

中石化2004年公司年报显示，石化股份公司向集团租赁的土地价格为12.38元/平方米。据此可计算出集团每年从上市公司获得土地租金收入为52亿元，按5%的营业税率，集团每年向国家缴纳2.6亿元的营业税。根据中国城市地价动态监测系统的工业用地价格，若按3%来推算中石化按市场价格应缴纳的地租，2004—2009年，中石化集团少向国家缴纳租金数额385.21亿元。

表 3.1　2004—2009 年中石化应缴纳土地租金

	2004	2005	2006	2007	2008	2009
中石化股份公司用地（亿平方米）	4.2	4.2	4.2	4.2	4.2	4.2
工业用地价格（元/平方米）	481	469	485	561	588	597
应缴纳地租（亿元）	60.61	59.09	61.11	70.69	74.09	75.22

工业用地价格来源：中国地价网，“中国城市地价动态监测”。

1996 年我国国有工矿建设用地面积为 2.77 万平方公里，2010 年达到 4.3 万平方公里（尚前名，王仁贵，2010）。每年以约 3.19% 的速度增长，以此推算 1989 年全国国有工矿建设用地面积约为 22 230 平方公里。

1989 年各类企业中，占用国有工矿建设用地面积的企业包括国有工业、部分城乡个体工业和其他类型工业。由于城乡个体工业既包括城镇个体工业也包括乡村个体工业，本报告设定二者的工业总产值各占 50%。1989 年国有工业的工业总产值占国有工业、城镇个体和其他类型工业总产值之和的 90.56%，按此比例计算 1989 年国有工业企业用地面积为 20 130 平方公里。

1990 年，土地批租制度建立，土地供给由无偿取得变为有偿取得后，国有工业企业获得土地的主要方式是划拨和协议出让。每年新增的划拨用地由国有企业无偿获得，每年新增协议出让土地中，由国有工业企业获得土地面积根据国有工业企业占城市工业经济的比重估算。

在计算国有工业企业用地地租时，本报告采取中国城市地价动态监测系统数据作为土地市场价格，按 3% 的租金水平计算全国工业地租。我国 3 年期存款利率在 2004 年之后一直高于 3%，从资金的机会成本角度，这一比例是合理的。基于城市地价动态监测系统提供的数据是从 2000 年到 2009 年，因此报告中只计算这一时间段的土地租金。

表 3.2　2001—2009 年国有及国有控股工业企业应缴纳地租

	2001	2002	2003	2004	2005	2006	2007	2008	2009
划拨国有工业企业用地（平方公里）	25 615	25 746	25 817	25 860	25 965	26 023	26 058	26 091	26 091
土地价格（元/平方米）	461	465	471	481	469	485	561	588	597
划拨少缴纳的地租（亿元）	3 543	3 592	3 648	3 732	3 653	3 786	4 386	4 602	4 673

续表

	2001	2002	2003	2004	2005	2006	2007	2008	2009
协议出让国有工业企业用地（平方公里）	2 281	2 629	3 011	3 293	3 592	4 041	4 346	4 350	4 350
协议地价与市场价格之差（元/平方米）	331	335	357	362	339	368	415	433	467
协议出让少缴纳的地租（亿元）	227	264	322	358	365	446	541	565	609
共计（亿元）	3 769	3 856	3 970	4 089	4 019	4 232	4 927	5 168	5 282

说明：数据源的选取和计算过程详见分报告之三。因为国土资源统计年鉴中只有2003—2008年协议出让工业地价，2001年、2002年和2009年协议出让地价取2003—2008年的加权平均值，即150元/平方米。

此外，国有企业在改组改制过程中，也存在国有土地资产的大量流失，主要表现为：对土地、房产等固定资产按原值等价折合入股评估，不计其市场升值部分；相当一部分企业甚至把原来国家拨给的土地，不计价折合成国家股份划作自己企业的法人股；“退二进三”过程中企业直接获得工业用地转为商业、住宅用地由于差价带来的巨大收益。此外还存在由于违法批租等原因导致土地资产处置过程中土地价值低估。这些做法使在原无偿使用的行政划拨地转变为有偿使用的过程中发生了土地收益的大量流失，这部分流失的收益由于缺乏数据支持而难以估算。

更进一步，由于本报告在这里只计算和比较国有及国有控股的工业企业，还不包括金融企业和其他非工业企业，所以没有将国有商业服务业用地的地租计算进来。但我们知道，即使是工业企业，也占用了大量的商服用地。只是出于保守原则，我们暂且只使用工业用地的地租数据。如果算入商服用地的地租，国有企业少缴纳的地租，自2008年以后已高达万亿元以上。详见分报告之三。

（二）矿产资源租金的缴纳情况

矿产资源租金，例如煤炭、石油等的租金是被低估的。垄断部门由于资源要素的低价，把一部分的资源要素的租金变成垄断部门的利润。据一些估算，2004年垄断行业（煤炭、石油和天然气、金属矿采选业、烟草制品业、电信行业、医疗）垄断利润合计为2 125亿元（高辉清，2007）。2009年仅煤炭、石油天然气、金属和非金属采选业超额利润5 000亿元（王小鲁，2010）。下面我们分别对石油、天然气和煤炭等租金作一下具体估计。

1. 石油租金

我国目前能够体现矿产资源租的主要有资源税和资源补偿费。我国石油资源税率为从量征收，2004 年之前的资源税率为 8—24 元/吨。2004 年以后，通过几次上调，目前对石油征收的资源税率为 14—30 元/吨。虽然资源税从绝对值上是上调了，但随着石油价格的上升，资源税和石油价格的比例上限却从 2001 年约 1.75% 下降到 2008 年 0.70%，2009 年这一比例略微上升到 1.11%。矿产资源补偿费的征收目的之一是为了维护国家对矿产资源的财产权益，也体现了资源租的性质，我国对石油资源补偿费征收的税率为按销售收入的 1% 计征。二者相加，对石油征收的资源税和资源补偿费合计为价格的 2% 左右。

根据中国石油天然气股份有限公司（以下简称中石油）和中国石油化工股份有限公司（以下简称中石化）缴纳资源税总额和产量估算，2004 年之前（含 2004 年）石油资源税率平均约为 17 元/吨；之后，资源税平均约为 26 元/吨。据此来估算 2001—2009 年国有及国有控股企业缴纳的资源税和资源补偿费约为 733.04 亿元。

2009 年 6 月 1 日，新疆实施原油天然气资源税费改革，原油、天然气资源税由从量计征改为从价计征，税率为 5%。这一改变较之前的缴费机制是一大进步，但费率水平仍相对较低。国外矿区使用费的征收通常按照油气产值或产量的一定百分比以实物征收，其费率水平一般在 10%—20%。

2006 年，我国开始对石油资源价格每桶超过 40 美元征收特别收益金，由于是针对超额收入征收，因此石油特别收益金也可以认为是级差矿租。从理论上讲，特别收益金和资源租金却存在本质区别。第一，混淆了租和税的概念。对企业征收特别收益金是对企业的超额利润征税，通称“暴利税”；但是目前国有企业存在的主要问题是对资源低价、无偿的使用，资源使用的成本——租金是缺失的。租金是应当作为体现资源要素使用价格进入成本的，而不论企业的利润是多少。目前，正是由于企业对资源要素的低价使用，而要素所有者并没有获得足够的报酬，因而租金也就变成了垄断部门的利润。第二，石油特别收益金不能完全实现资源所有者权益。石油特别收益金是在国产原油销售价格超过一定水平时，从超额收入中征收的特别收入，因此石油特别收益金也可以理解为针对 40 美元以上征收的矿区使用费，体现的是级差资源租的性质。但是 40 美元以下的资源租金比例非常低，不能完全实现资源所有者的权益。

表 3.3 2001—2009 年国有及国有控股企业已缴纳石油资源租金

项目	2001	2002	2003	2004	2005	2006	2007	2008	2009
原油实现价格（元/吨）	1 373	1 317	1 493	1 872	2 680	3 416	3 465	4 307	2 713
原油产量（亿吨）	1.55	1.59	1.61	1.65	1.70	1.74	1.76	1.84	1.86
已缴纳资源税和补偿费估算（亿元）	47.40	47.61	51.18	59.35	93.76	105.21	104.91	130.46	98.82
已缴纳特别收益金（亿元）	—	—	—	—	—	413.65	627.07	1 343.52	335.22

注：原油全年实现价格 2001—2005 以中石化价格为基准，2006—2009 为中石油和中石化加权平均价格。

我国《中外合作开采陆上石油资源缴纳矿区使用费暂行规定》中，矿区使用费的比例最高是 12.5%。本报告计算应缴纳的资源租金时，石油价格在 40 美元以下按价格的 10% 计算应缴纳的资源租，在价格超过 40 美元以上区间按我国石油特别收益金的标准计算资源租。

已缴纳资源租金为已经缴纳的石油资源税、资源补偿费和特别收益金之和。

石油企业少缴纳的资源租为按 10% 的比例对 40 美元以下石油征收租金与已缴纳的资源税和资源补偿费之间的差额。因为 2001 年到 2004 年原油平均实现价格基本上没有超过 40 美元/桶，因此只按 10% 的税率计算应缴纳的资源租。2005 年原油价格在 40 美元以下，按 10% 计算应缴资源租，40—45 美元区间按 20% 计算应缴纳资源租。2006 以后因为开征的特别收益金视为已对 40 美元以上区间的石油价格征收了级差租金，因此，2006—2009 年应缴纳资源租金为特别收益金（级差资源租）与按 10% 征收的 40 美元以下资源租（绝对资源租）之和。

表 3.4 2001—2009 年国有石油企业少缴纳的石油租金　　单位：亿元

项目	2001	2002	2003	2004	2005	2006	2007	2008	2009
应缴纳租金	212.82	209.40	240.37	308.88	499.45	823.71	1 022.78	1 721.45	850.37
已缴纳租金	47.63	47.97	51.41	58.94	89.76	518.33	733.81	1 470.61	434.04
少缴纳的石油租金	165.19	161.43	188.96	249.94	409.69	305.38	288.97	250.84	416.33

注：原油全年实现价格，2001—2005 年以中石化价格为基准，2006—2009 年为中石油和中石化加权平均价格。

2. 天然气租金

我国在 2005 年之前，天然气资源税标准在 2—15 元/千立方米，2005 年 7 月天然气资源税税额标准调整到 7—15 元/千立方米，加上 1% 的矿产资源补偿费，资源租仍不到价格的 3%。

在计算国有及国有控股企业已缴纳的天然气租金时，2001—2004 年，按这一时期资源税标准的平均值 8.5 元/立方米估算资源税；因为 2005 年 7 月开始调整税额标准，2005 年资源税按全年平均 9.75 元/立方米计；2006—2009 年资源税按平均值 11 元/千立方米计。国有及国有控股企业的天然气产量，依据国家统计局数据中，历年国有及国有控股石油天然气生产企业的工业总产值占全国同行业生产企业工业总产值的比例进行测算。2001—2009 年，国有及国有控股企业已缴纳的天然气资源租金约为 76.98 亿元。

表 3.5　2001—2009 年国有及国有控股企业已缴纳天然气资源租金

项目	2001	2002	2003	2004	2005	2006	2007	2008	2009
天然气实现价格（元/千立方米）	561	574	591	609	673	692	706	823	826
天然气产量（亿立方米）	283.88	307.19	326.65	386.90	470.00	550.37	651.51	715.15	785.07
已缴纳资源税和补偿费估算（亿元）	4.01	4.37	4.71	5.64	7.75	9.86	11.77	13.75	15.12

注：2001—2005 年天然气实现价格来自中石化年报，2005—2009 年天然气价格根据中石油和中石化价格加权计算而得。

国外油气矿区使用费的费率一般在 8% 以上，参考这一比例，本报告按 8% 的税率计算国有及国有控股企业应缴纳的天然气资源租金。

表 3.6　2001—2009 年国有及国有控股企业少缴纳天然气租金　　单位：亿元

项目	2001	2002	2003	2004	2005	2006	2007	2008	2009
应缴纳租金	12.74	14.11	15.44	18.85	25.30	30.47	36.80	47.09	51.88
已缴纳租金	4.01	4.37	4.71	5.64	7.75	9.86	11.77	13.75	15.12
少缴纳的天然气租金	8.73	9.74	10.73	13.21	17.55	20.61	25.03	33.34	36.76

3. 煤炭租金

我国对煤炭资源征收资源税的标准为 0.3—5 元/吨，2002 年，我国共征收煤炭资源税 13 亿元，平均为 0.94 元/吨，依据此数据估算 2000—2003 年收取的煤炭资源税总额。2004 年开始，国家陆续分别对 18 个省上调了煤炭资源税，调整到每吨 2.3—3.6 元。因为资源税的调整从 2004 年 7 月开始，因此 2004 征收的资源税的平均税率按 1.95 元/吨估算。2005—2008 年资源税平均税率取算数平均值，按 2.95 元/吨计算国有企业已缴纳的租金额。我国对煤炭资源征收补偿费的费率是按销售额的 1% 征收。总体上，我国煤炭资源税费征收不到煤炭价格的 2%。

依据国家统计局数据，计算历年国有及国有控股煤炭企业的工业总产值占全国同行业企业工业总产值的比例，并据此测算国有及国有控股企业煤炭产量。

表 3.7　2001—2009 年国有及国有控股企业已缴纳煤炭资源租金

年份	2001	2002	2003	2004	2005	2006	2007	2008	2009
煤炭价格（元/吨）	151	168	174	206	292	302	355	432	408
煤炭产量（亿吨）	11.97	12.75	13.40	14.75	14.57	15.72	15.97	15.52	18.04
已缴纳资源税和补偿费估算（亿元）	29.33	33.41	35.91	59.15	85.53	93.85	103.81	112.83	126.82

注：2001—2006 年煤炭价格是全国重点煤矿原煤价格。

数据来源：厉克奥博，“我国煤炭上涨的影响及相关预测”，中国煤炭，2007，33（6）；2007—2008 年煤炭价格是中煤能源的动力煤平均价格，数据来自中国中煤能源股份有限公司年度报告。

很多国家对煤炭的权利金征收较高，平均水平为煤炭售价的 8%—10%。例如美国煤炭资源权利金率标准是：井工矿为煤炭价格的 8%，露天矿为煤炭价格的 12.5%。我国目前煤炭资源租不到价格的 2%，价值明显被低估。本报告按价格的 8% 估算应缴纳的煤炭资源租。

表 3.8　2001—2009 年国有及国有控股企业少缴纳煤炭资源租金　　单位：亿元

年份	2001	2002	2003	2004	2005	2006	2007	2008	2009
应缴纳租金	144.60	171.36	186.53	243.08	340.36	379.80	453.55	536.37	588.83
已缴纳租金	29.33	33.41	35.91	59.15	85.53	93.85	103.81	112.83	126.82
少缴纳的煤炭租金	115.27	137.95	150.62	183.93	254.83	285.95	349.74	423.54	462.01

4. 其他资源租金

国外对黑色、有色等其他矿产资源征收的权利金费率为 2%—8% 之间。如美国对联邦土地上可租让矿产的权利金费率除石油、天然气和煤炭外，其他矿产多为 5%。西澳大利亚多数矿产的权利金费率为 5%。南澳大利亚权利金费率为 2.5%。泰国为 5%。中国资源税的征税范围包括 7 个税目的矿产品，分别为原油、天然气、煤炭、其他非金属矿原矿、黑色金属矿原矿、有色金属矿原矿和盐。但是和国外其他国家比较，资源租的水平较低。在有色金属、黑色金属以及其他矿产品行业资源租的缺失数额尚难以估算。

此外，在通信行业国有企业免费使用通信频道资源。我国几大通信公司使用的基本通信频道或牌照资源几乎都是免费的，如 3G 牌照、电话手机频道、宽带频道资源等等。而在西方国家，这些资源均是国家的，任何公司使用它大都要通过拍卖形式从政府手中获取。

（三）国有企业融资成本的比较

1. 国有企业和其他类型企业融资成本比较

国有企业和民营企业、外资企业等其他所有制企业在经营条件上另一个显著的不平等是融资成本的差异。在我国的信贷市场上，占主导地位的依然是几大国有商业银行，国有企业和国有商业银行二者的经济行为里均有政府背景。有了政府支持，国有企业相对易于取得贷款。此外，由于存在资产规模差异等原因也导致私营企业较难以获得贷款，并且贷款成本也高于国有企业。银行为国企提供贷款的优惠措施包括提供优惠利率、无担保贷款等。

在提供并购贷款业务上，由于风险较高，而国企有政府财政的支持，国企与民企在其中的待遇相差甚远，国企可能在相关贷款利率享受下浮10%的优惠，而民企的利率可能上浮10%。

相比非央企融资的主要手段是银行贷款，央企还可以通过票据和发行企业债融资，成本要低于银行贷款。以2009年票据融资的平均利率计算，票据融资平均利率在1.8%左右，和贷款利率相比，通过票据融资可以节省最多2/3的融资成本。我国发行的企业债近80%集中在交通运输、电力水利等基础设施领域，且主要为国有大型企业所发。

根据香港金融研究中心（2009）对包括中国各地28万家工业企业在内的官方数据库的分析比较，从2001—2005年，国企能以2.55%的平均利率获得贷款，私企平均利率却高出将近2个百分点，私企的总体融资成本几乎是国企的两倍（表3.9）。从实际利息率（融资成本/负债）来看，私企的利息率平均是国有企业的3.46倍（表3.10）。假设国企必须支付市场水平利率的条件下，国企利润在近年来已经彻底消失，整个部门亏损严重。

表3.9　不同所有制企业年利率（支付利息/负债）比较　　单位：%

年份	国有企业	合资企业	私营企业	港澳台	外资	全社会
2001	2.46	4.84	4.84	2.89	2.98	4.13
2002	2.23	4.65	4.64	2.81	2.61	3.92
2003	2.67	5.38	4.61	2.59	2.28	3.93
2004	2.86	—	3.81	2.17	1.92	3.31
2005	2.61	10.46	4.57	2.29	2.38	3.93

数据来源：Hong Kong Institute for Monetary Research, "Honor Thy Creditors Beforan Thy Shareholders: Are the Profits of Chinese State-Owned Enterprises Real?", Working Paper, No. 16/2009.

表3.10　不同所有制企业利率（融资成本/负债）比较　　单位：%

年份	国有企业	合资企业	私营企业	港澳台	外资	全社会
2001	2.55	10.09	7.14	3.19	3.56	4.37
2002	2.66	5.79	10.76	3.34	3.41	4.18
2003	2.73	12.10	13.35	3.01	3.12	4.17
2004	2.67	—	7.12	2.49	2.60	3.57
2005	2.51	12.45	7.26	4.37	3.90	4.41

数据来源：同上。

根据刘小玄和周晓艳（2011）的研究，2000—2007 年，对包括大约 33 万的企业观察值显示，从实际利息率（企业财务费用/企业总负债）来看，国企实际上只需要支付 1.6% 的融资费率。我们将国有企业之外其他企业负债的利率水平视为由市场形成的利率，将国有企业之外的各种主体的权重定为 100%，进行权重调整，再做加权平均后，得出市场利率水平约 4.68%。2000—2007 年市场利率平均是国企融资利率的 2.92 倍。

表 3.11 企业融资的相关指标（2000—2007 年）

所有制分组	实际利息率	在总负债中所占比例（权重）	
		调整前	调整后
国有及控股	0.016	0.2876	—
集体及控股	0.055	0.0533	0.0748
法人及控股	0.042	0.2390	0.3355
个人及控股	0.054	0.1378	0.1934
外商及控股	0.037	0.1413	0.1983
港澳台及控股	0.042	0.0762	0.1070
其他	0.069	0.0648	0.0910

注：实际利息率和调整前的权重数据来自刘小玄和周晓艳（2011）。

刘小玄的研究同时考虑了规模因素。她们指出，按规模分组，大中型民企的融资费用比国企高 6 个百分点；小型民企比小型国企高 9 个百分点（刘小玄和周晓艳，2011）。

在本研究中，我们采用刘小玄和周晓艳提出的利率水平。以 1.6% 为 2000—2007 年平均国企贷款真实利率水平；以 4.68% 为 2000—2007 年的平均市场利率水平，这一水平甚至低于中国人民银行发布的金融机构人民币贷款基准利率（见下表），应该说是比较稳妥和保守的。

表 3.12 中国人民银行发布的金融机构人民币贷款基准利率

调整时间	2002.2.21	2004.10.29	2006.4.28	2006.8.19	2007.3.18	2007.5.19	2007.7.21	2007.8.22	2007.9.15
一年期利率（%）	5.31	5.58	5.85	6.12	6.39	6.57	6.84	7.02	7.29
调整时间	2007.12.21	2008.9.16	2008.10.9	2008.10.30	2008.11.27	2008.12.23	2010.10.20	2010.12.26	2011.2.9
一年期利率（%）	7.47	7.2	6.93	6.66	5.58	5.31	5.56	5.81	6.06

数据来源：中国人民银行网站。

2. 国有企业实际支付利息

由于总资产贡献率 =（利润总额 + 税金总额 + 利息支出）/资产总额 ×100%，其中税金总额为产品销售税金及附加与应交增值税之和，根据2001—2009年的《中国统计年鉴》“工业”一章中，有“按行业分国有及国有控股工业企业主要指标”和“按行业分国有及国有控股工业企业主要经济效益指标”，其中包含“总资产贡献率、利润总额、主营业务税金及附加、本年应交增值税”等数据，可计算出国有及国有控股工业企业每年支付的利息。

表3.13　2001—2009年国有企业已支付利息　　单位：亿元

年份	2001	2002	2003	2004	2005	2006	2007	2008	2009
已支付利息	1 133.85	1 144.87	1 085.41	1 608.25	1 222.77	1 433.37	1 825.3	2 508.11	2 362.39

3. 国有企业应支付融资费用

若按照市场利率水平4.676%重新计算国有企业应支付利率，估算2001—2009年利息支付差额共计约27 538.5亿元，占国有及国有控股工业企业名义利润总额的47%。

表3.14　2001—2009年按市场利率国有企业少支付利息　　单位：亿元

年份	2001	2002	2003	2004	2005	2006	2007	2008	2009
应支付利息	3 313.68	3 345.88	3 172.11	4 700.11	3 573.55	4 189.02	5 334.44	7 329.95	6 904.08
支付差额	2 179.83	2 201.01	2 086.70	3 091.86	2 350.78	2 755.65	3 509.14	4 821.84	4 541.69

（四）国有企业获得政府补贴的情况

2007年之前，财政每年对国有企业计划亏损进行一定数量的补贴，据《中国统计年鉴2005》，从1994年至2004年，国家财政用于国企亏损的补贴达到了3 652.92亿元。随着我国加入世贸组织并承诺立即取消《补贴与反补贴措施协议》第3条范围内的所有补贴以及对国有企业的补贴，从统计局公布的数据上，已经看不到2007年后对一般经营性企业的亏损补贴。但是，事实上对于企业的补贴仍然存在。

2007—2008年，在有整体巨额利润的情况下，中石油和中石化仍然获得共763.49亿元的补贴。补贴理由是“中国政府为保障原油、成品油市场供应而给予本集团的财政扶持补贴”。不过，与之相对照的是十几年来民营地方炼厂从未享受炼油补贴，也没有配套的下游销售体系。2008年和2009年，也有几家航空公司及其他国有企业获得财政补贴（新华社，2008；周俊，2010）。据不完全统计，2007年至2009年，国有企业获得财政补贴约为1 993亿元。

此外，获得政府注资也可视为一种隐性补贴。2008年，在总额547.8亿元的国有资本经营预算支出中，有270亿元用于中央企业新设出资和补充国有资本（新华社，2008）；2009年的国有资本经营预算支出873.6亿中，有75亿元补充资本（新华网，2009）。2008—2009年，两家航空企业、五家电力集团和两家电网公司获得国资委的注资约160亿元左右。

国有企业亏损补贴一直作为财政收入的减项，并未作为支出项目。对于国有企业来说，方便之处在于绕过了预算监督程序，对企业的补贴也经常出现直接对企业上缴税收进行退库，从而抵消财政补贴（杨涛，2008）。

表3.15　2001—2009年国有企业获得财政补贴情况　　单位：亿元

年份	2001	2002	2003	2004	2005	2006	2007	2008	2009
数据源1	261.76	214.01	194.04	181.98	166.57	180.22			
数据源2					94.15	50.00	85.78	677.71	10.97
数据源3							177.57	495.31	
数据源4								277.8	798.6
财政补贴	261.76	214.01	194.04	181.98	166.57	180.22	177.57	955.51	809.57

注：数据源1：《中国统计年鉴2007》（国家统计局，2007）；2006年后，这一数据来源中断。

数据源2：石油企业所获补贴（具体见附表三）；

数据源3：财政部网站发布的2008年5月“全国国有及国有控股企业主要财务指标”；此后这一数据来源中断。

数据源4：国资委发布的“国有资本经营预算”支出中减去资本性支出（新华社，2008）。

由于这些不同来源的数据有的互相包含，有的互相独立，我们根据自己的理解进行取舍。加重的数字是我们采用的数字。

在另一方面，由于我国对石油产品的价格实行管制，尤其在2008年以后，管制价格经常高于国际市场的价格，从而实际上构成对垄断国有企业的补贴。见下面两个表。

表3.16　中国与部分国家柴油零售税前价格比较　　单位：美元/加仑

国家	2006年度	2007年度	2008年度	2009年度
比利时	2.44	2.70	3.82	2.30
法国	2.31	2.53	3.61	2.17
德国	2.31	2.62	3.63	2.26
意大利	2.65	2.85	3.96	2.53
荷兰	2.52	2.82	3.94	2.27
英国	2.36	2.55	3.58	2.15
美国	2.26	2.44	3.34	2.00
平均	2.41	2.64	3.70	2.24
中国	2.36	2.62	3.17	2.96

数据来源：U. S. Energy Information Administration，另中国油价根据发改委公布的不同标号油品零售价的上限价格平均而得。

表 3.17　中国与部分国家汽油零售税前价格比较　　单位：美元/加仑

国家	2006 年度	2007 年度	2008 年度	2009 年度
比利时	2.26	2.55	3.20	2.21
法国	2.12	2.41	3.02	2.15
德国	2.15	2.43	2.91	2.15
意大利	2.42	2.70	3.34	2.46
荷兰	2.49	2.92	3.51	2.31
英国	2.14	2.39	2.95	1.92
美国	2.40	2.62	3.09	2.19
平均	2.28	2.58	3.14	2.20
中国	2.34	2.52	3.03	2.86

数据来源：同上。

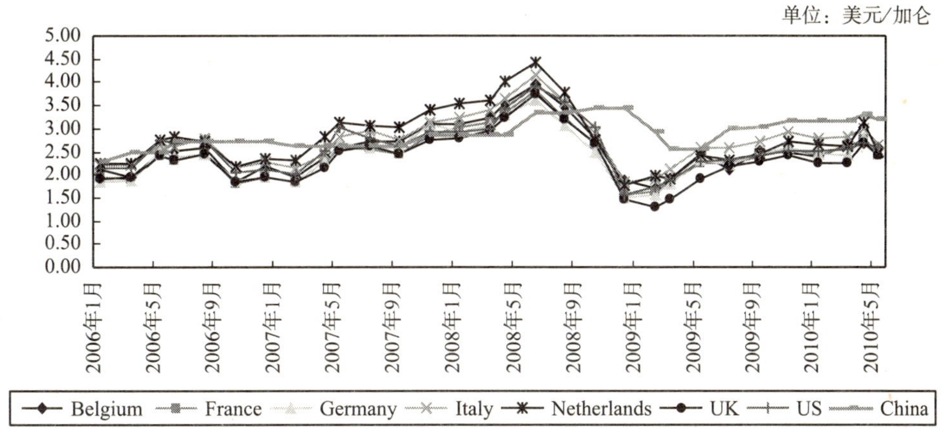

图 3.2　中国与部分国家税前汽油价格比较

数据来源：同上。

从图 3.2 可以看出，自 2008 年 9 月以后，我国的汽油产品的税前价格一直高于其他主要国家的水平。从 2008 年 9 月到 2010 年 6 月，我国汽油平均价格高于其他国家平均价格 29.34%。

根据美国能源信息局（EIA）数据和中石油和中石化年报，除 2008 年外，中石油在其他年份的原油平均价格要略高于国际油价。2009 年，在国际原油价格比上年大幅减低的情况下，中石油、中石化的汽油价格却只有微小的下调。

表 3.18　2006—2009 年石油价格比较　　　单位：美元/桶

年份	美国西得克萨斯原油（WTI）	北海布伦特原油（Brent）	米纳斯原油（Minas）	中石油		中石化	
				原油	汽油	原油	汽油
2006	62.09	57.25	53.95	59.81	86.36	55.06	89.60
2007	60.81	60.50	63.87	65.27	93.86	56.48	98.21
2008	98.27	98.43	98.34	87.55	118.42	84.37	129.05
2009	38.89	34.33	36.63	53.90	112.95	45.14	124.79

数据来源：美国能源信息局网站（http：//www.eia.doe.gov/），中国石油天然气股份有限公司年度报告（2006—2009 年），中国石油化工股份有限公司年度报告（2006—2009 年）。

注：中石油和中石化价格单位按照当年平均汇率由元/吨换算为美元/桶。

将前面列出的中外成品油价格差额，乘以中石油和中石化的成品油零售量，我们可以推算它们从价格差额中获得的实际补贴。

表 3.19　中石油和中石化成品油零售量（2006—2009 年）　　　单位：百万吨

	2006 年	2007 年	2008 年	2009 年
中石油	47.33	52.34	58.60	61.22
中石化	72.16	76.62	84.1	78.9
合计	119.49	128.96	142.70	140.12

数据来源：中国石油天然气股份有限公司年度报告（2006—2009 年），中国石油化工股份有限公司年度报告（2006—2009 年）。

因为中石油和中石化的年报中，在加油站出售的油品种没有具体汽油和柴油的销售数量，本报告设在加油站全年销售汽、柴油的比例 1∶2，推算和主要国家平均价格销售收入之差。2006 年至 2009 年，价格导致的销售收入之差总计约为 1 071 亿元。

将直接的财政补贴和价格导致的销售收入差额放在一起，可视为对国有企业的综合补贴。见下表。

表 3.20　国有企业的综合补贴　　　单位：亿元

	2006	2007	2008	2009
价格偏差导致的销售额之差	－118.12	－101.33	－1 198.18	1 364.11
财政补贴	180.22	177.57	955.51	809.57
合计	62.1	76.24	－242.67	2 173.68

注：价格偏差见表 3.16 和表 3.17。

（五）垄断利润或垄断带来的损失

在天则所《中国经济的市场竞争状况：评估及政策建议》报告中，我们使用真实利润 =（营业利润 + 管理费用 + 福利费用总额 + 财政补贴），并以垄断福利损失加上管理费及福利费用总额作为垄断社会损失的最高估计。并使用这个方法计算了2007年煤炭采选，石油天然气，烟草，化肥，农药，发电，供电，公用事业等带有行政垄断中的福利损失，结果如下表所示。

表 3.21　2007年部分行政垄断行业中垄断造成的福利损失

行业中文名	行业代码	最低估计（亿元）	最高估计（亿元）	最低估计占销售额比例	最高估计占销售额比例	最低估计占增加值比例	最高估计占增加值比例
烟煤和无烟煤的开采洗选	610	1 336.88	2 297.66	0.16	0.28	0.34	0.58
褐煤的开采洗选	620	73.92	107.91	0.17	0.25	0.32	0.46
其他煤炭采选	690	0.47	0.80	0.13	0.22	0.23	0.40
天然原油和天然气开采	710	2 435.01	2 847.68	0.34	0.39	0.40	0.47
与石油和天然气开采有关的服务活动	790	41.61	63.95	0.08	0.13	0.23	0.35
烟叶复烤	1 610	17.01	27.29	0.18	0.30	0.41	0.66
卷烟制造	1 620	1 421.38	1 672.27	0.39	0.46	0.50	0.59
其他烟草制品加工	1 690	2.67	4.60	0.16	0.28	0.42	0.73
原油加工及石油制品制造	2 511	523.66	718.91	0.06	0.08	0.32	0.44
氮肥制造	2 621	124.34	203.93	0.10	0.16	0.32	0.53
磷肥制造	2 622	33.76	56.35	0.08	0.14	0.31	0.52
钾肥制造	2 623	24.17	31.08	0.25	0.32	0.49	0.63
复混肥料制造	2 624	61.76	98.17	0.06	0.09	0.21	0.33
化学农药制造	2 631	56.23	92.30	0.07	0.12	0.26	0.42
火力发电	4 411	830.87	1 050.60	0.12	0.16	0.29	0.37
水力发电	4 412	244.68	320.36	0.26	0.35	0.37	0.48
核力发电	4 413	36.22	44.41	0.22	0.27	0.30	0.37
电力供应	4 420	1 075.10	1 445.21	0.07	0.09	0.25	0.33
热力生产和供应	4 430	21.50	36.54	0.09	0.16	0.31	0.52

续表

行业中文名	行业代码	最低估计（亿元）	最高估计（亿元）	最低估计占销售额比例	最高估计占销售额比例	最低估计占增加值比例	最高估计占增加值比例
燃气生产和供应业	4 500	86.43	133.49	0.10	0.15	0.32	0.49
自来水的生产和供应	4 610	62.97	121.61	0.16	0.30	0.32	0.62
污水处理及其再生利用	4 620	3.28	5.79	0.11	0.20	0.27	0.48

数据来源：天则经济研究所，2010。

报告指出："以上22个行业中潜在社会福利损失的总额最低估计为8 513.94亿元，为总增加值的35%；最高估计为11 380.92亿元，为总增加值的46%。按照福利损失从高到低的顺序，依次为天然原油和天然气开采，烟煤和无烟煤的开采洗选，卷烟制造，电力供应，火力发电，水力发电，氮肥制造，燃气生产和供应业，褐煤的开采洗选，复混肥料制造。"（天则经济研究所，2010）

账面的垄断利润不同于垄断带来的全部福利损失，一个是财务概念，一个是经济学概念；一个是财富转移，一个是给社会带来的净损失。两者不好比较，也无法从垄断的福利损失推知垄断利润。另外，这些行业是国有企业密集的地方，但不全是国有企业。由于没有具体比例的数据，所以很难得出国有垄断企业带来损失的具体数据。虽然从整个社会角度看，垄断带来的福利损失应该记在垄断企业的账上；但在企业层次看，却无法记入财务账目。所以在以后的加总计算中，本部分并不计入。虽有缺失，但不失保守。

五　关于"企业办社会"和"退休职工负担"的讨论

有人提出，因为国有企业普遍存在着"企业办社会"的情况，所以应该作为合理的成本加到总成本中，并因此应该得到相应的优惠。按照这一思路，国有企业的"企业办社会"多出来的成本应该冲抵上述对名义利润的扣除，或者说，应该加到名义利润中。

然而，在我们看来，国有企业的"企业办社会"正是这一企业制度的弊端之一，也正是我们应该评价"国有企业"时不应回避的不当成本，才能反映国有企业的真实效率。反过来，减少这一成本的最有效途径，是国有企业对"企业办社会"部分进行社会化的改革，即将这些辅助性机构转变为独立的、面向社会公众的机构，不再由企业负担。这才会带来效率的提高。

天则经济研究所曾在《煤炭成本、价格形成及其外部成本内部化》中，对国有煤炭企业的

“企业办社会”成本作过估计，结论是，这一成本约占总成本的约 1.55%（2008）。在该报告中，我们用这一估计修正了煤炭高估的成本，即并没有承认这一成本的合理性。所以，本报告不采用“企业办社会”成本对名义利润进行修正。

还有人提出，因为大量国有企业有较长历史，退休职工人数要大大多于非国有企业，所以相应地会增大成本。然而，我国早在21世纪初，就基本完成了社会保障社会化的改革。在2000年国务院《关于切实做好企业离退休人员基本养老金按时足额发放和国有企业下岗职工基本生活保障工作的通知》（国发〔2000〕8 号）中已明确指出，要“建立独立于企业之外的社会保障体系”，“各地要制定基本养老金社会化发放的工作方案和实施计划，力争在今年年底前基本实现由社会保险经办机构发放或委托银行、邮局等社会服务机构发放基本养老金的目标”。（2000）到现在，社会保障与就业已经是财政支出中的重要项目，2008 年共约 6 804 亿元（国家统计局，2009）。

所以，很显然，“退休职工的负担”也不应成为国有企业成本偏高的借口，从计算中扣除。

六　国有及国有控股工业企业的真实绩效

根据前面对国有及国有控股工业企业享受的补贴、低利率差额、缺失的地租和资源租的测算，在名义利润总额中将这个共约 74 914 亿元的部分扣除，得到的真实利润总额（表 3.22）。

表 3.22　2001—2009 年名义利润与真实利润的比较　　单位：亿元

项目	2001	2002	2003	2004	2005	2006	2007	2008	2009
名义利润	2 388.56	2 632.94	3 836.2	5 453.1	6 519.75	8 485.46	10 795.19	9 063.59	9 287.03
低利率差额	2 179.83	2 201.01	2 086.7	3 091.86	2 350.78	2 755.65	3 509.14	4 821.84	4 541.69
地租	3 769	3 856	3 970	4 089	4 019	4 232	4 927	5 168	5 282
资源租	289.19	309.12	350.31	447.08	682.07	611.94	663.74	707.32	915.1
综合补贴	261.76	214.01	194.04	181.98	166.57	62.1	76.24	-242.67	2 173.68
真实利润	-4 111.22	-3 947.2	-2 764.85	-2 356.82	-698.67	823.77	1 619.07	-1 390.9	-3 625.44
真实净利润	-4 111.22	-3 947.2	-2 764.85	-2 356.82	-698.67	551.93	1 084.78	-1 390.9	-3 625.44

从原理上，前一年企业的利润情况将会对下一年度的企业整体运营情况和利润产生影响，这种影响将是动态的、累积的，因此，很多变量是难以控制的。为简化情况，假定上一年企业的利润变动并不影响下一年企业的盈利状况。2001 年至 2009 年，国有及国有控股工业企业累计

亏损 17 258.4 亿元，平均的真实净资产收益率为 -4.39%。

表 3.23　2001—2009 年国有及国有控股企业真实绩效

项目	2001	2002	2003	2004	2005	2006	2007	2008	2009
真实净资产收益率（%）	-11.50	-10.92	-7.20	-4.96	-1.38	0.94	1.58	-1.80	-4.26

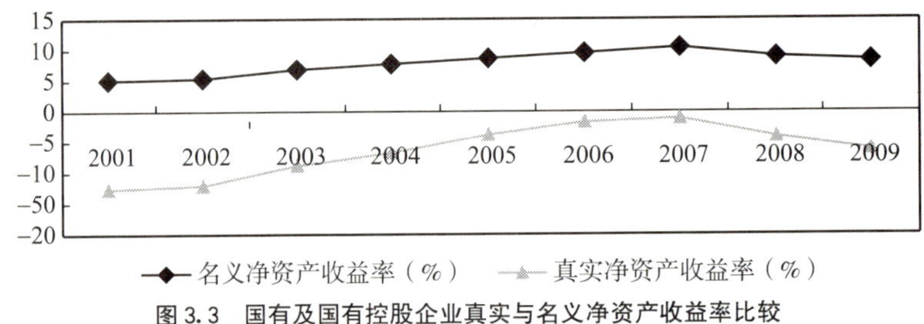

图 3.3　国有及国有控股企业真实与名义净资产收益率比较

图 3.3 显示，虽然 2005 年之前国有及国有控股企业真实净资产收益率为负值，但是 2001—2007 年净资产收益率仍显示出了较快增长，这和经济增长的周期性趋势基本吻合。2001—2007 年期间，我国 GDP 的增长率总体上呈上升趋势，在 2007 年达到顶峰，同比增长 14.2%。2007 年之后增长速度减慢，2009 年增度降至 9.1%，见下图。因此，国有企业真实绩效的变动主要归因于国民经济的周期性因素。

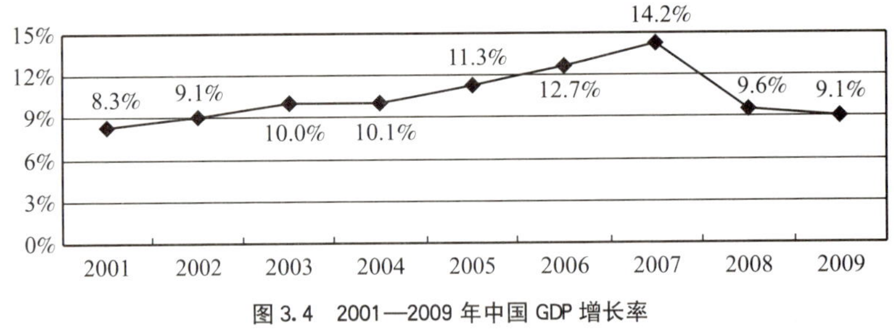

图 3.4　2001—2009 年中国 GDP 增长率

数据来源：国家统计局，《中国统计年鉴》（2002—2010 年）。

需要注意的是，对土地租金的估算中尚不能完全反映国有企业少缴纳的地租情况。本报告计算的口径是国家统计年鉴中的国有及国有控股工业企业，但是随着企业间相互参股带来的产权结构的多元化和多层级，以及企业的混业经营，很多工业企业也开始大规模地投资经营金融业、房地产业、服务业和其他第三产业。有些国有企业利用划拨或低价出让的土地投资经营第三产业，这部分产生的商业地租的缺失由于缺少数据支持而难以估算。我们只进行了大致的总量估计。

国有企业的名义经营成本和真实成本的差异主要表现在地租、资源租和资金融资成本上，正是对这些要素的低价获得和使用，使这部分资源要素的租金变成垄断部门的利润，夸大了企业的经营效益。而土地资源、矿产资源和金融资源最大的垄断者正是政府，并且政府对资源的控制力量不断增强。正是行政垄断的存在，使得国有企业和民营企业在获取资源上存在严重的不平等。因此，尽管表面上看国有企业的增值空间不断增加，但这种增值主要是通过垄断资源和资源稀缺价值的上涨实现的。

必须指出：以上国有企业真实绩效的测算结果是较为保守的。首先，理论上应当从工业增加值中扣除行政垄断定价的因素；其次，市场利率中还应包括民间金融的部分，这一般比国有银行中没有市场化的利率要高。由于数据可得性的制约，这些因素并未量化到国有企业真实绩效的测算中。即便如此，国有企业的真实利润和净资产收益率已为负值，即事实上整体处于亏损状态。

六 小 结

对我国国有企业的经济绩效加以比较，从 2001 年到 2009 年，国有及国有控股工业企业的净资产收益率一直低于非国有企业。这意味着，将一单位资产从非国企转移到国企，就会产生一个机会损失。规模庞大的国有资产就意味着社会有着巨大的机会损失。

对国有企业的名义收入加以还原，即扣除应缴未缴的土地租金、其他资源租金、利息优惠和补贴等，从 2001 年到 2009 年，国有及国有控股工业企业的净资产收益率为负。

所以，尽管我们相信，会有若干优秀高效的国有企业，但从整体看，从企业财务角度看，国有企业在效率方面是一个负数。

附表一　2001—2009 年度国有及国有控股企业名义绩效　　单位：亿元

项目	2001	2002	2003	2004	2005	2006	2007	2008	2009
利润总额	2 388. 56	2 632. 94	3 836. 20	5 453. 10	6 519. 75	8 485. 46	10 795. 19	9 063. 59	9 287. 03
净利润	1 600. 34	1 764. 07	2 570. 25	3 653. 58	4 368. 23	5 685. 26	7 232. 78	6 797. 69	6 965. 27
所有者权益	35 741. 27	36 139. 17	38 381. 02	47 479. 25	50 625. 00	58 656. 37	68 568. 59	77 388. 89	85 186. 57
净资产收益率（%）	4. 48	4. 88	6. 70	7. 70	8. 63	9. 69	10. 55	8. 78	8. 18

数据来源：利润总额和所有者权益数据来自《中国统计年鉴 2010》；净利润数据等于利润总额—所得税，按规定税率，2007 年之前所得税税率为 33%，2008 年和 2009 年所得税税率为 25%。

附表二　2001—2009 年规模以上工业企业名义绩效　　单位：亿元

项目	2001	2002	2003	2004	2005	2006	2007	2008	2009
利润总额	4 733. 43	5 784. 48	8 337. 24	11 929. 30	14 802. 54	19 504. 44	27 155. 18	30 562. 37	34 542. 22
净利润	3 171. 40	3 875. 60	5 585. 95	7 992. 63	9 917. 70	13 067. 97	18 193. 97	22 921. 78	25 906. 67
所有者权益	55 424. 40	60 242. 01	69 129. 56	90 286. 70	102 882. 02	123 402. 54	149 876. 15	182 353. 38	206 688. 83
净资产收益率（%）	5. 72%	6. 43%	8. 08%	8. 85%	9. 64%	10. 59%	12. 14%	12. 57%	12. 53%

数据来源：利润总额和所有者权益数据来自《中国统计年鉴 2010》；净利润数据等于利润总额—所得税，按规定税率，2007 年之前所得税税率为 33%，2008 年和 2009 年所得税税率为 25%。

附表三　2001—2009 年规模以上非国有工业企业名义绩效　　单位：亿元

项目	2001	2002	2003	2004	2005	2006	2007	2008	2009
净利润	1 571. 06	2 111. 53	3 015. 7	4 339. 05	5 549. 47	7 382. 71	10 961. 19	16 124. 09	18 941. 4
所有者权益	19 683. 13	24 102. 84	30 748. 54	42 807. 45	52 257. 02	64 746. 17	81 307. 56	104 964. 49	121 502. 26
净资产收益率（%）	7. 98%	8. 76%	9. 81%	10. 14%	10. 62%	11. 40%	13. 48%	15. 36%	15. 59%

数据来源：利润总额和所有者权益数据来自《中国统计年鉴 2010》；净利润数据等于利润总额—所得税，按规定税率，2007 年之前所得税税率为 33%，2008 年和 2009 年所得税税率为 25%。

附表四　石油特别收益金征收比率

原油价格（美元/桶）	征收比率	速算扣除数（美元/桶）
40—45	20%	0
45—50	25%	0. 25
50—55	30%	0. 75
55—60	35%	1. 5
60 以上	40%	2. 5

注：石油特别收益金征收比率按石油开采企业销售原油的月加权平均价格确定，起征点为 40 美元/桶。

附表五　中石油和中石化获得的补贴资金　　单位：百万元

	中石油	中石化	合计
2005	—	9 415	9 415
2006	—	5 000	5 000
2007	1 197	7 381	8 578
2008	16 914	50 857	67 771
2009	1 097	0	1 097
合计	19 208	58 238	

数据来源：中石油公司与中石化公司年报。

附表六　汽油、柴油平均零售价格变化

时间	调整幅度	汽油平均零售价		柴油平均零售价	
		含税价格（元/升）	不含税价格（美元/加仑）	含税价格（元/升）	不含税价格（美元/加仑）
2010－6－1	汽、柴油价格每吨分别下调230元和220元	6.85	3.24	6.90	3.39
2010－4－14	汽、柴油价格每吨均上调320元	7.03	3.34	7.08	3.48
2009－11－10	汽、柴油价格每吨均上调480元	6.79	3.21	6.81	3.33
2009－9－29	汽、柴油价格每吨均下调190元	6.43	3.01	6.40	3.11
2009－9－1	汽、柴油价格每吨上调300元	6.57	3.09	6.56	3.19
2009－7－28	汽、柴油价格每吨降低220元	6.34	2.96	6.31	3.05
2009－6－30	汽、柴油价格每吨均提高600元	6.51	3.05	6.50	3.16
2009－6－1	汽、柴油价格每吨均提高400元	6.06	2.80	5.99	2.88
2009－3－25	汽、柴油价格每吨分别提高290元和180元	5.76	2.64	5.65	2.69
2009－1－14	汽油出厂价每吨降低140元；柴油出厂价每吨降低160元	5.54	2.52	5.50	2.60
2008－12－19	汽油出厂价每吨降低900元；柴油出厂价每吨降低1 100元	5.65	2.97	5.64	3.02
2008－6－20	上调汽油、柴油价格每吨1 000元	6.32	3.34	6.56	3.52
2007－10－31	上调汽油出厂价格每吨提高500元；上调柴油出厂价格每吨500元	5.57	2.67	5.72	2.80
2007－1－14	下调汽油出厂价格每吨220元	5.20	2.49	5.30	2.59
2006－5－24	上调汽、柴、航空煤油每吨500元	5.36	2.45	5.30	2.47
2006－3－26	上调汽油出厂价格每吨300元；上调柴油出厂价格每吨200元	4.99	2.27	4.88	2.27
2005－7－23	上调汽油出厂价格每吨300元；上调柴油出厂价格每吨250元	4.76	2.11	4.71	2.13
2005－6－25	上调汽油出厂价格每吨200元；上调柴油出厂价格每吨150元	4.54	2.00	4.50	2.03
2005－5－23	降低汽油出厂价格每吨150元	4.39	1.93	4.38	1.98
2005－5－10	上调柴油出厂价格每吨150元	4.50	1.99	4.38	1.98
2005－3－23	上调汽油出厂价格每吨300元	4.39	1.93	4.25	1.92

注：人民币和美元按当年平均汇率换算；1加仑＝3.7854升；外国的油价主要按95号—98号的平均价格计算；中国价格按不同标号的平均价格计算，约在93号—97号之间。

第四章　国有企业的当下表现（二）：分配

在本章中，我们首先从各要素所有者对要素报酬的分配开始分析，再分析成为国有企业名义利润部分的分配。

一　从国民收入角度分析补贴与应交未交成本对分配的影响

我们将上一章分析的数据放在一起，从整个国民收入的角度来看国有企业在分配方面的表现。

从统计角度看，我们可用国内生产总值（GDP）的概念来分析。这一概念与工业增加值的概念大致对应。而后者可以在有关国有企业的相关统计中找到。虽然根据国家统计局定义，“工业增加值”不包括利息、地租和其他资源租等要素收入，但稍加处理，是可以与国内生产总值对接的。2010 年的《中国统计年鉴》第十三章“工业”中，有“14—8 各地区国有及国有控股工业企业主要指标”。其中包含“工业增加值”① 及前面提到的“利润总额”等数据。

根据国家统计局的定义，“工业增加值”包括固定资产折旧、劳动者报酬、生产税净值、营业盈余，按下列公式计算：

工业增加值 = 工业总产出 - 工业中间投入 + 应交增值税

根据工业增加值，以及“14 -8 各地区国有及国有控股工业企业主要指标”中的“利润总额”、“本年应交增值税”、“固定资产原价”、“本年应交增值税”和“主营业务税金及附加”，我们可以得出：

1. 固定资产折旧 = 固定资产原价 ×5. 7%

2. 生产税净值 = 本年应交增值税 + 主营业务税金及附加 - 补贴

3. 营业盈余 = 利润总额

4. 劳动者报酬 = 工业增加值 - 固定资产折旧 - 生产税净值 - 利润总额

由此，我们可得出工业增加值的分配结构。如下图，此图以工业增加值为 100%。

由于我们知道，国有企业没有交地租，少交了资源租金，并且获得了大量利息优惠，少计了成本，所以我们称这一工业增加值为“名义工业增加值”。

---

① 2009 年的《中国统计年鉴》的工业增加值数据最晚只到 2007 年，我们根据 2008 年和 2009 年《中华人民共和国国民经济和社会发展统计公报》所称，2008 年“国有及国有控股企业增长 9. 1%”，2009 年“国有及国有控股企业增长 6. 9%”，(国家统计局网站，2009)，计算了 2008 年和 2009 年的工业增加值。

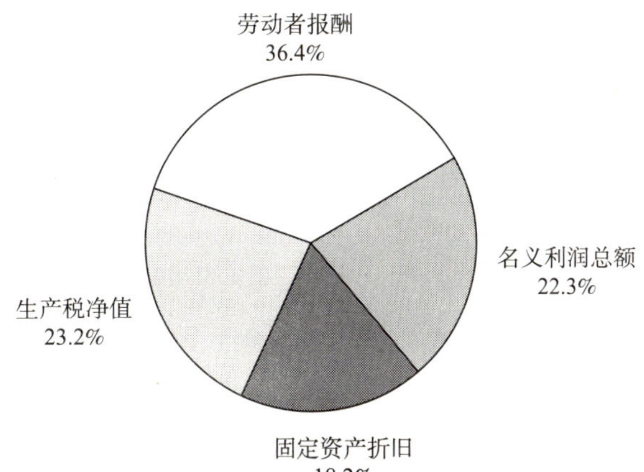

图 4.1 国有及国有股份工业企业名义工业增加值的分配结构（2001—2009 年）

数据来源：根据《2010 年中国统计年鉴》（国家统计局，2010）数据计算。

这张图有两点值得注意：

（1）名义利润总额约占工业增加值的 22.3%。

（2）名义工业增加值减去折旧、生产税净值、利润后的“劳动者报酬”，约 93 630 亿元，比同期的“工资总额”大许多，我们只能认定是工资之外的“劳动者其他报酬”。我们后面会详细分析。

我们再将这一名义工业增加值中的分配部分加上（1）低利率差额，（2）应缴纳地租，（3）少交的资源租金，（4）补贴，得下面这张图。此图理论上以工业增加值为 100%，但在实际上，各个部分相加已超过工业增加值总额，利润作为各部分扣除后的剩余，实际上是负数。由于表达技术的限制，将负利润放在饼图之外表示。

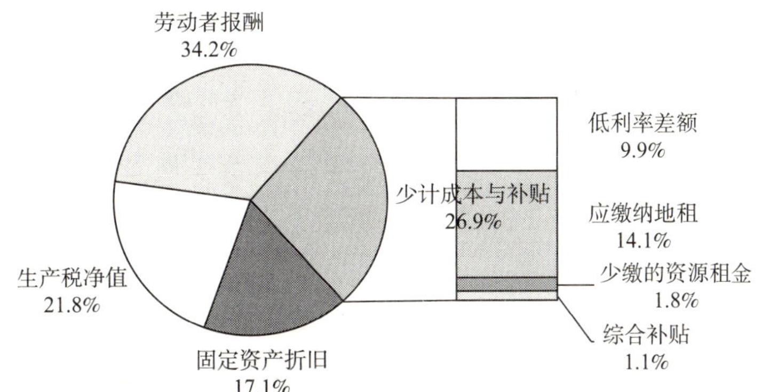

图 4.2 修正后的国有及国有股份工业企业工业增加值的分配结构（2001—2009 年）

数据来源：根据《2010 年中国统计年鉴》（国家统计局，2010）数据计算。

由于利润是扣除各种成本后的剩余，所以当我们在工业增加值的分配结构中加上低利率差额、应缴纳地租和少交的资源租金等成本后，利润总额就变成 -16 453 亿元，相当于工业增加值的 -6.3%。

少计的成本与补贴共约占工业增加值的 26.9%；而在没有扣除这些成本之前，名义利润总额约占工业增加值的 22.3%。

这说明，从 2001 年到 2009 年，国有及国有控股工业企业的利润是获得低于市场利率带来的利息差额、没有交应交的地租、少交资源租金和获得补贴所致。而这 7 万多亿元的财富从资源所有者手中转移到了国有及国有控股工业企业。

从另一个角度，我们可以将上述几项，（1）低利率差额，（2）应缴纳地租，（3）少交的资源租金，（4）综合补贴，作为对名义工业增加值的扣除，先算出实际工业增加值，然后按前面的生产税净值和补贴的比例（共 24%）计算税赋比例，又有另一种情况。但在这种情况下，利润总额也明显减少。见下图 4.3。

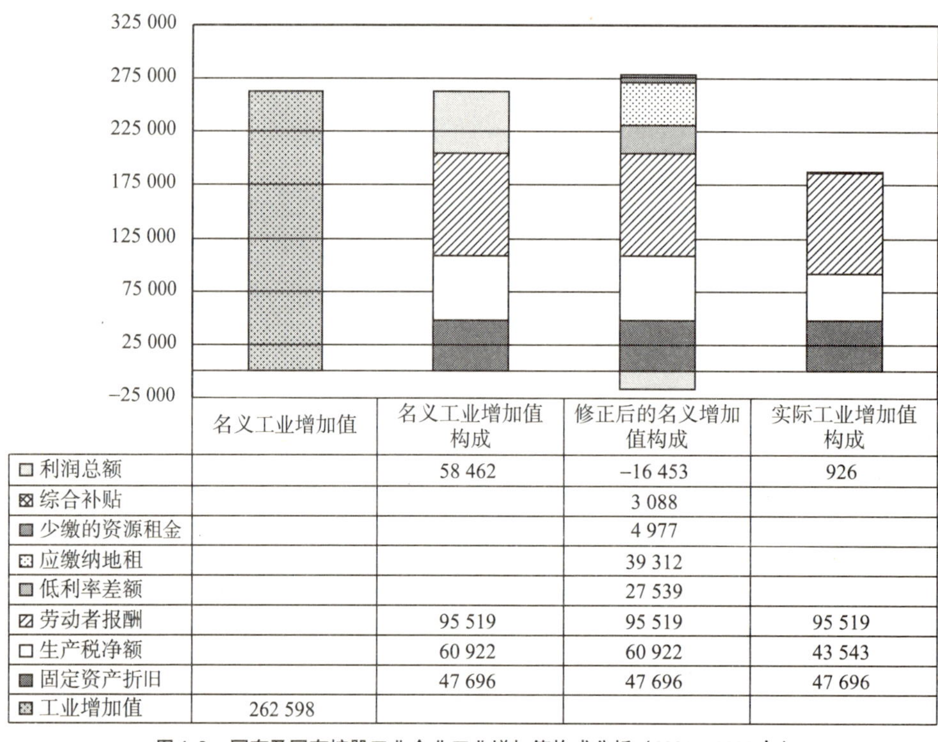

	名义工业增加值	名义工业增加值构成	修正后的名义增加值构成	实际工业增加值构成
□ 利润总额		58 462	–16 453	926
综合补贴			3 088	
少缴的资源租金			4 977	
应缴纳地租			39 312	
低利率差额			27 539	
劳动者报酬		95 519	95 519	95 519
□ 生产税净额		60 922	60 922	43 543
固定资产折旧		47 696	47 696	47 696
工业增加值	262 598			

图 4.3　国有及国有控股工业企业工业增加值构成分析（2001—2009 年）

数据来源：根据《中国统计年鉴 2010》（国家统计局，2010）数据计算。

这些结论导致一个问题，由于国有及国有控股工业企业的名义利润是少计成本而显现的，所以：

（1）以名义利润考核管理层和职工就变得极不合理。我们可以推断，在利润总额中，有一部分是当作绩效激励分配给管理层和职工了。由于真实的利润总额为负数，这部分报酬部分实际上来自其他要素所有者应得而未得的收入。

（2）由于不缴纳地租导致少计成本，使利润显得更多了；此时再用国有土地盖房，以不含土地价格的价格卖给职工，就相当于职工获得了一部分利润分配；也是很不合理。

总之，国有及国有控股工业企业的"劳动者报酬"就显然很不合理了。这也是从其他要素所有者那里转移过来的。

二　国有企业员工的货币收入及非货币收入

（一）国有企业薪酬和内部分配制度

在国资委成立前，根据《全民所有制工业企业转换经营机制条例》（1992 年）的规定，全民所有制工业企业享有工资、奖金分配权，企业可自定薪酬。国家经贸委 2001 年发布的《在关于深化国有企业内部人事、劳动、分配制度改革的意见》中提出"企业职工工资水平，在国家宏观调控下由企业依据当地社会平均工资和企业经济效益自主决定"，给了国企自定薪酬的合法合理的政策依据，从根本上放弃了政府对国有企业内部分配的监督和控制。

2004 年出台的《中央企业负责人薪酬管理暂行办法实施细则》，对企业负责人实行了以业绩为导向的年度薪酬制度。2004 年之后，国有企业的职工薪酬开始超过其他类型和社会平均水平，收入分配矛盾日益突出。2010 年，国资委开始"工资总额预算管理"，对央企工资实施"双控制"，一个是工资总量的控制，另一个是人均工资的控制。

虽然国资委在 2005 年开始在部分央企进行新的治理结构试点，由董事会的薪酬委员会决定高管人员的薪酬，但是事实却并没有表现出国企薪酬与企业利润的正向相关关系。截至 2009 年 2 月 15 日，从沪深主板市场中的 31 家上市公司发布的年报看，其中，公司净利润较 2007 年增长的有 17 家，其余 14 家业绩均有不同程度的下滑。但是，高管薪酬较 2007 年增加的却有 21 家，薪酬维持不变的只有 2 家，薪酬下降的为 8 家。

尽管有些国有企业建立了董事会制度，但是在内部治理结构上存在董事会成员与经理层高度重叠的情况，因而缺乏应有的独立性。根据对具有完整基本成员资料的 406 家国有上市公司的分析表明，平均内部人控制水平（内部董事人数/董事会成员总数）为 67%（冯鹏程，2010）。在这种情况下，显然会出现高管实际上自己考核自己的业绩，自己决定自己的薪酬的情况。

2009 年 12 月，国资委最新发布了《中央企业负责人经营业绩考核暂行办法》，首次将“经济增加值”与央企高管薪酬挂钩。但是这也不能改变一个事实，即央企的经营业绩并不是建立在公平的市场竞争基础上的。最为重要的是，如前文所述，国有企业的名义利润并不真实，依据这一名义利润对管理层进行奖励就是错误的。

（二） 国有企业与其他经济组织和社会平均水平比较

根据 2010 年中国统计年鉴，2005 年，国有及国有控股企业的工资首次超出了其他单位的收入水平，此后，二者之间的差距逐年扩大。2008 年，国有企业人员平均工资比非国企单位（加权平均）高 17%。2009 年，国有单位职工工资比城镇集体单位高 65.62%，比其他单位高 8.87%。

国有企业职工收入之所以在 2004 年之后与其他单位和全社会水平的收入差距逐渐扩大，主要原因在于始于 1997 年对国企的“抓大放小”，从 1997 年到 2009 年，国有及国有控股企业户数从 9.86 万户减少到了 2.05 万户。亏损和效益不好的小型国企被关停并转，留下的多是被称为“关系国家安全和国民经济命脉的重要行业和关键领域”的企业。

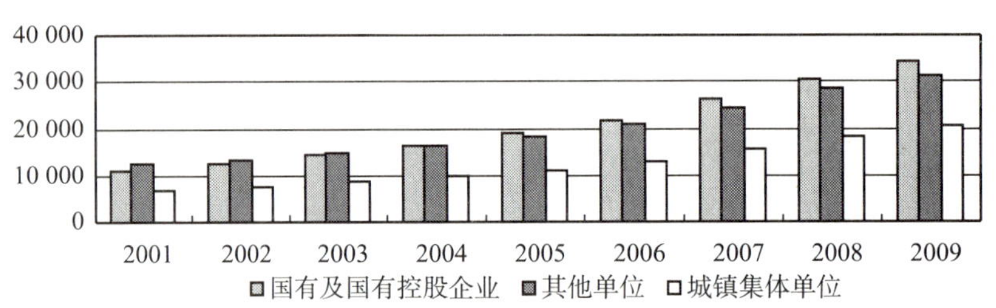

图 4.4 2001—2009 年不同类型企业职工平均工资比较

数据来源：《中国统计年鉴 2010》（国家统计局，2010）。

我国企业工资总额核算范围所依据的是 1990 年国家统计局所颁布的《关于工资总额组成的规定》，该规定并没有把保险福利费用、劳动保护费用、住房公积金、额外保险、转移性收入和其他收入等隐性收入纳入到工资总额中去，所以导致了大多数国有企业凭借工资挂钩政策的漏洞，通过这些灰色名目为高管人员和普通员工发放福利补贴和隐性收入。

相关统计机构的数据显示，在一些垄断行业内，工资外收入占整个工资总额的比重最高已达到 60%。这些工资外收入通过上市公司的年报也可见一斑。在上市公司年报中，职工薪酬构成主要包括三部分：工资、薪金和津贴，职工福利费和社会保险费。按照规定，只有工资、薪金和津贴属于工资总额范畴，其他属于工资外收入。

我们在上一章根据工业增加值倒推，得出比工资总额更为广义的“劳动者报酬”；2001—2008 年，工资外的其他“劳动者报酬”约为“工资总额”的 153%。我们用同样的方法计算“私营企业”和“非国有企业”的“劳动者报酬”，与国有企业比较如下。

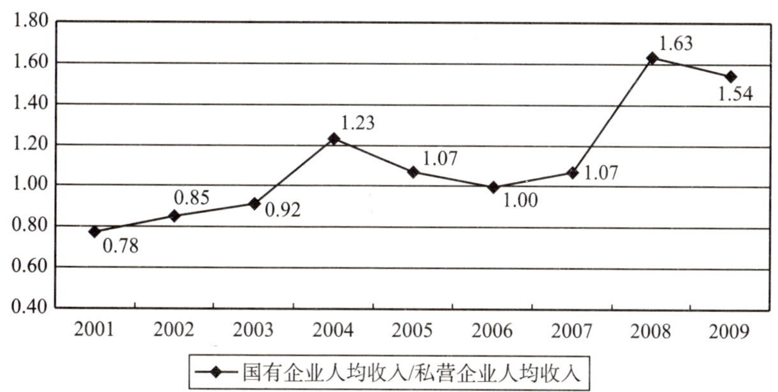

图 4.5　国有企业与私营企业人均收入之比

数据来源：根据《中国统计年鉴 2010》（国家统计局，2010）数据计算。

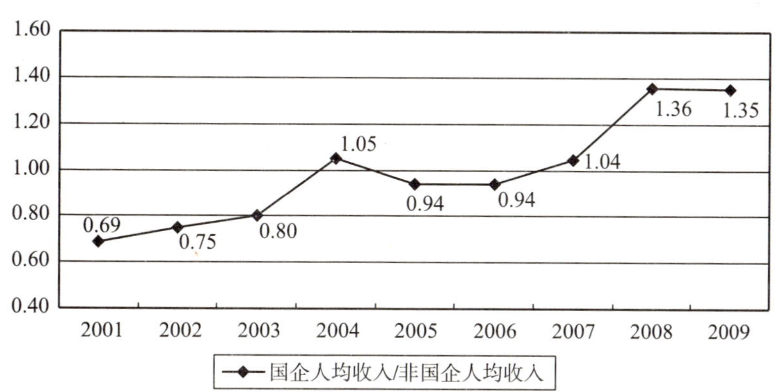

图 4.6　国有企业与非国有企业人均收入之比

数据来源：根据《中国统计年鉴 2010》（国家统计局，2010）数据计算。

从这两张图中可以看出，在 2004 年以前，国有企业的人均“劳动者报酬”低于私营企业和非国有企业；2004 年以后，国有企业的人均“劳动者报酬”超过并且越来越高于私营企业和非国有企业。2008 年的增长尤为显著，分别比私营企业高 63%，比非国有企业高 36%。这说明：

（1）在全球金融危机，收入水平增速下降，甚至收入水平绝对值下降的情况下，国有企业的收入增长具体一定的刚性。

（2）较之于工资水平的差距，国有企业与非国有企业在“劳动者报酬”上的差距更为显著。这说明，国有企业员工在非工资的货币收入方面，更远远高于非国有企业。

（3）2008 年以后国有企业员工的“劳动者报酬”的显著增长，从一个角度反映了“国进民退”的趋势。

（三）行业间工资水平的比较

薪酬水平和行业关联度不断强化，行业间的差距加大。根据《中国统计年鉴 2009》，从细分行业看，2008 年职工工资水平排名前 5 位的是证券业、其他金融活动、航空运输业、软件业和计算机服务业，其中证券业收入水平是纺织业的 10 倍。如果只考察工业范畴，则收入前 5 位的行业为烟草制品，石油和天然气开采业，电力、热力的生产和供应业，石油加工、炼焦及核燃料、黑色金属冶炼及压延加工业。

相当一部分国有企业，尤其是处于垄断地位的企业，凭借对关键资源的垄断，对土地、矿产等自然资源的低价甚至无偿使用，同时享受在信贷、税收等方面享受优惠，在并不需要在提高市场竞争力和扩大市场销售额的前提下就可获得较高的利润，而工效挂钩政策的存在使工资总额也水涨船高，这类垄断性国有企业职工的平均收入远高于一般性国有企业职工的平均收入。我国行业间工资差距中，约 1/3 是垄断因素造成的（宋晓梧，2009）。

2006 年 7 月 11 日，由国资委统计评价局编制的一份统计年报显示，石油石化、通信、煤炭、交通运输、电力等 12 家企业员工工资达到全国平均工资水平的 3—4 倍。人均人工成本中位值在 6 万—7 万元之间。而该年度全国职工的平均工资，东部省份是 2.24 万元，中部地区 1.5 万元不到。国家统计局数据显示，电力、电信、金融、保险、水电气供应、烟草等行业职工的平均工资是其他行业的 2—3 倍，如果再加上工资外收入和职工福利待遇上的差异，实际收入差距可能在 5—10 倍之间。

根据王小鲁的估算，2005 年电力、电信、石油、金融、保险、水电气供应、烟草等行业共有职工 833 万人，不到全国职工人数的 8%，但工资和工资外收入总额达 1.07 万亿元，相当于当年全国职工工资总额的 55%（王小鲁，2007）。由此测算，垄断行业职工人均年收入达 12.85 万元，是当年全国在岗职工年平均工资 18 364 元的 7 倍。这也印证了 5—10 倍一说。而在这些行业中，国有企业占有绝大部分比重。

集中在这几个部门的国企，主要是央企。见表 4.1 和表 4.3 和表 4.4。

劳动密集型、完全竞争型行业的国企职工收入水平相对低下。例如纺织业、皮革、毛皮、羽毛（绒）及其制品业以及化学纤维制造业行业内，国企的职工工资不仅显著低于其他单位的水平，更略低于城镇集体单位。在竞争性行业中，民营企业占较大比重。因而，垄断行业与竞争性行业工人收入水平的差距部分地反映了国有企业与民营企业的收入差距。

表 4.1　2008 年收入最高的 5 个工业行业及国有企业比重

序号	行业	国有企业总产值与行业总产值之比（%）	职工平均工资（元）
1	烟草制品业	99.33	62 442
2	石油和天然气开采业	96.11	46 763
3	电力、热力的生产和供应业	91.62	42 627
4	石油加工、炼焦及核燃料	72.39	35 612
5	黑色金属冶炼及压延加工业	41.54	34 559

资料来源：《中国统计年鉴 2009》（国家统计局，2009）。

表 4.2　2008 年收入最低的 5 个工业行业及国有企业比重

序号	行业	国有企业总产值与行业总产值之比（%）	职工平均工资（元）
1	木材加工及木、竹、藤、棕、草制品业	2.91	16 290
2	纺织业	3.14	16 671
3	农副食品加工业	5.49	18 069
4	文教体育用品制造业	1.56	18 079
5	皮革、毛皮、羽毛（绒）及其制品业	0.82	18 119

资料来源：《中国统计年鉴 2009》（国家统计局，2009）。

（四）职工福利比较

职工的收入主要包括工资、薪金及津贴、福利、社会保险、住房公积金等组成。根据上市公司年报，大部分国有控股公司虽然在职工薪酬的非货币福利支出上为零，即使有非货币福利支出，人均水平也较低。但是职工的福利待遇普遍较好。

表 4.3　中国石油天然气股份有限公司职工工资及福利支出情况（2009 年）

类别	实际支付总额（百万元）	人均（元）
工资、薪金及津贴	45 173	75 751
职工福利费	3 564	5 976
社会保险费	12 723	21 335
其中：医疗保险费	2 974	4 987
基本养老保险	7 011	11 757
失业保险费	551	924
工伤保险费	321	538
生育保险费	147	247
住房公积金	4 011	6 726

续表

类别	实际支付总额（百万元）	人均（元）
工会经费和职工教育经费	1 517	2 544
其他	311	522
合计	67 299	112 854

资料来源：《中国石油天然气股份有限公司2009年年报》。

1. 退休福利

部分国企在退休人员福利待遇上，除参与并享受由地方政府组织的固定供款的退休养老统筹计划外，还会参加由独立的保险公司管理的补充养老保险计划和医疗保险。

例如中国联通，2009年集团所属联通运营公司的部分省分公司的集团所属个别子公司亦向其职工提供其他离退休后补充福利，主要包括补充退休金津贴，医药费用报销及补充医疗保险。补充养老保险计划为：每月按员工上年月平均基本工资的2%—20%为每个员工支付固定供款额的保险金。

企业年金作为养老保险的一种企业补充，是指由企业根据自身经济实力，在国家有关规定下，为本企业职工所建立的一种辅助性的养老保险。按照现行的企业年金准入标准和已实施的情况，真正既有能力又有意愿发展企业年金计划的，除了既有实力又有社会责任感的非国有企业外，就只有效益较好的国企。

根据国家税务总局信息，据不完全统计，截至2008年底，我国已有3.3万户企业建立了企业年金制度，覆盖职工1 038万人，仅占参加全国基本养老保险人数的6%左右。从建立了年金制度的企业所属行业看，大多集中在电力、铁路、金融、保险、通信、煤炭、有色金属、交通、石油天然气等高收入行业或垄断行业。

2. 医疗保险

国家医保的缴费规定为：单位承担工资基数的8%，个人承担2%。效益好的国有企业除了参加国家规定的医疗保险外，还会投保商业补充医疗保险。例如根据公司年报，2009年晋西车轴股份有限公司在医疗保险费方面人均支出为11 796元；而航天通信控股集团股份有限公司更是高达41 977元/人。支出额度远高于国家规定的标准。

在城镇就业人员中，养老、医疗保险参保率仅为62%和60%。农民工的参保水平更低，参加养老、医疗保险的不足20%和31%。许多劳务工的社保缴费基数低于工资水平，甚至按最低工资标准计算。与此同时，央企却占据了90%以上企业年金，通过补充保险进一步拉大二次分配差距（张世平，2010）。

3. 住房

国有企业在住房上提供的福利包括货币补贴和实物补贴。货币补贴又包括公积金和一次性货币住房补贴。

按照现行的公积金制度规定，职工和单位公积金缴存比例均不得低于职工上一年度月平均工资的5%，原则上不高于12%。不少垄断行业的国企和事业机关将这一比例提升到20%，按照“个人缴多少，单位补多少”的原则，个人是住房公积金的最终受益人。由此可见，垄断行业为职工超标多缴公积金，就是典型的变相增发福利。

住房公积金是一项旨在改善百姓居住条件的互助资金。但记者在采访中发现，近年来，一些垄断行业却借机违规超标多缴，住房公积金变相成为这些单位职工高收入外的又一高福利。江西省确定住房公积金的缴存比例为职工工资的8%，而近年当地一些中央驻赣的垄断企业擅定的缴存比例一度超过15%，最高达到20%；宁夏回族自治区审计厅日前审计发现，2005年，宁夏电力系统1.4万余名职工缴交住房公积金工资基数超过当地社会平均工资的3倍。

此类现象并非个案，在全国一些发达地区，一些效益好的电力、银行等垄断行业，有意将各类补贴、津贴打入住房公积金账户，作为职工福利发放，借此逃避监督。

记者在赣、宁两地采访发现，一些垄断企业每月为职工缴纳的住房公积金达到一两千元，而一些困难企业和单位仅为34元，反差巨大。

2006年12月6日《中国青年报》

近日出炉的山东2006年度审计报告显示，中国网通山东省分公司月均工资基数2.13万元，缴存比例为15%，月人均缴存6 389元；而济南水箱厂职工月人均缴存只有11元。政府为帮助普通职工解决住房难题而制定的政策，成了少数高收入单位为职工牟取福利的工具。

2007年7月30日《东方早报》

国务院1998年公布的住房改革政策，企业应停止向员工进行实物分房，而应采用现金补贴形式实行货币分房。对于现金补贴的标准，没有相应的规定。企业可按照自身实际情况及财务能力考虑了制定适合本企业的房改方案。因此，在住房补贴额度上存在很大的差异。例如中国网通制定的现金住房补贴计划。根据现金住房补贴计划，对于在优惠出售计划终止前未获分配住房或分配住房不达标的符合资格员工，网通运营公司须支付一笔按其服务年份、职位和其他标准计算的一次性货币住房补贴。网通运营公司据此全额计提了约人民币 41.42 亿元的现金住房补贴。于2009 年 12 月 31 日，尚有约人民币 25.08 亿元的一次性货币住房补贴尚未支付完毕。

（五）国有企业员工的非货币收入

在国有企业中，还存在一大块非货币收入的福利，即住房实物补贴。这种补贴又包括两种形式。一种是国有企业利用国家无偿划拨的用地进行单位的集资建房。另一种是企业购买市场上的商品房，以较低的价格出售给本企业员工。虽然国家已经叫停实物分房，但在现实中，由于国有企业无偿或者低价占用大量的土地，为自建房提供了“有利的条件”。

据全国工商联房地产商会 REICO 工作室的调查，现行政策中有一类经适房是合建、集资建房和特殊单位自用地自主建设的，只面对特定对象，用成本价或房改价售出。这类经适房比例相当高，有条件建设此类住房的一般为央企和公务员。广州在 2006 年又重新启动了单位福利建房。广州市 2006 年出台的《广州市住房建设规划（2006—2010）》规定，5 年内，部队、中央、省属驻穗单位和该市国有大中型企业单位将利用“自有土地”自建经济适用房 3.76 万套，建筑面积 300 万平方米。毫无疑问，将国家划拨的土地看作“自有土地”就是一个严重的错误，这一措施当有助于这些“单位”部分员工以较为低廉的补贴性价格获得住房，实质上是将国有土地的收益占为已有。

三　国有企业高层管理者的收入与其他类型企业的比较

中国上市公司是从 1998 年开始披露高管年薪的。当年 840 多家公司中董事长、总经理这两个职位的平均年薪为 5.18 万元。2006 年国有控股上市公司高管年薪水平首次高于民营企业。

根据国资委信息，2004 年至 2008 年，国务院国资委监管下的央企高管的平均年薪分别为 35 万元、43 万元、47.8 万元和 55 万元，年增长 14% 左右，2009 年央企一把手的薪酬平均约为 60 万元。相关研究表明 2008 年国有垄断企业的前三名高管薪酬平均值为 65.30 万元（高明华，2010）。央企高管的薪酬结构为资本年薪加效益年薪，少数上市公司有股票期权。效益年薪是整个薪酬价值体系中考核尺度较宽的组成部分，大部分国企套取了欧美高管激励的做法，但却是一种只借鉴了形式而缺乏监督机制的激励方式。

国有上市公司年报显示，相当部分的董事和监事的薪酬在上市公司为“零”，但同时身兼其他职位，在股东单位及其他关联单位领取报酬和津贴，这部分高管的具体薪酬水平无法确定。此外，国企高管还享受着市场化企业所没有的制度优势，比如行政官员的级别待遇、职务消费等等。这些体制红利也都属于国企高管薪酬回报范围。相关研究显示，高管人员的年度报酬总是远远小于在职消费。1999—2002年上市公司高管的在职消费平均是薪酬的12.8倍（陈冬华，2005）。

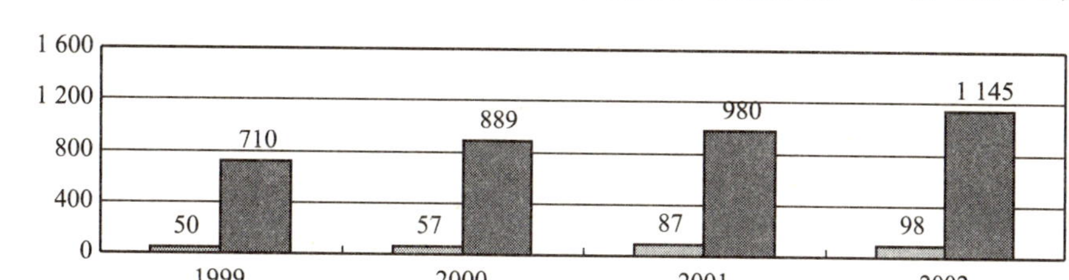

图4.7 国有上市公司年度薪酬与在职消费均值比较

数据来源：陈冬华，2005。

根据《投资者报》对不同所有制上市公司的高管激励效率分析，即评估高管每领取1元年薪所带来的盈利，结果表明，央企有着较大的优势。但是，国企的经营效益和高管薪酬间的关联在公平性上令人质疑。

第一，国企在占有、使用资源上的优势保证了企业的收益。这种资源优势体现在两个方面。一是在占用资源上的垄断权力。行政垄断构成的进入壁垒使得国企获得垄断利润。二是企业低价甚至无偿对资源的占有和使用，包括土地资源、矿产资源等。

第二，部分国企高管的选聘方式实际上是行政化的任命方式，并非市场化选拔，市场化的薪酬必然要求高管的市场化选聘，业绩的市场化考核，但目前的高管行政化与薪酬市场化形成悖论。这种行政化任命制度导致许多高管同时又是“高官”，职位稳定性高，风险低。行政赋予高管的权力大，而企业发展与高管的努力关联度多大，难以评价。

第三，国企高管不是通过合理考核获得高额薪酬，并且考核机制不透明。国企业绩究竟有多少可以归功于管理层的市场开拓、有效管理和技术创新，有多少得益于占有资源的升值和垄断地位带来的制度性收益，目前尚缺乏一个相对完备、有说服力的考核体系。

部分国家国有企业薪酬决定机制

法国政府对国有企业，特别是垄断性的国有企业的薪酬实行严格的控制。政府成立由财政、劳动和有关主管部门参加的管理国企工资的委员会，并决定董事长、总经理的薪酬和企业职工工资增长计划。总经理工资标准没有浮动部分，也不实行年薪制。财政部的公务员不能到曾管辖过的国企任职。

日本由政府注资的企业高管薪酬与公务员工资基本一致，各级政府企业高管薪酬是私营企业的25%左右。

美国国有企业职工与公务员一样参照私人企业平均工资统一加以规定。根据国会授权，美国劳工统计局每年对部分私营企业（涉及几万个企业几百万职工）进行一次全国性调查，作为公务人员调整薪酬的依据。国有企业董事会成员的薪酬由国会或州议会通过的国有企业专项法案规定，通常企业高管执行联邦公务员的薪酬制度。如田纳西流域管理局董事会成员薪酬由《田纳西流域管理局法案》加以规定。

四　国有企业的税负与其他类型企业的比较

（一）所得税负

据《投资者报》分析显示，从上市公司整体看，在税负负担上，仅计算所得税（2007—2009 年平均值），民企明显高于国企。在 A 股全部的 1 700 多家上市公司中，具有国企性质的共有 992 家，占比近六成。而 992 家国企的平均所得税负仅为 10%，同期民企的平均税负则高达 24%，高出国企 14 个百分点。表明民企税负远远重于国企。本研究采用这一数据。

但应该承认，在国有企业内部，税负也是不平衡的。在税负前 50 名中，属于中央国资委、地方国资委和地方政府的企业 37 家，占 74%，平均纳税负担 31%。

能够享受所得税的税收优惠政策的行业主要是高新技术企业和公用事业企业。根据《中华人民共和国企业所得税法》规定，对于高新技术企业当年可减按 15% 的税率征收企业所得税；从事国家重点扶持的公共基础设施项目投资经营的所得，可以免征、减征企业所得税。此外，地方政府对于高新技术企业的所得税还有自己的优惠政策，通常采用直接减免或先征后退的方式对上市公司给予优惠。

从所得税政策改革趋势来看，向科技、高新技术产业倾斜的所得税优惠政策，以及国产设备抵扣、科研费用在税前扣除等税收政策，都降低了企业的税负。

中航精机税收优惠政策：

（1）根据 2009 年 1 月 23 日湖北省科学技术厅、湖北省财政厅、湖北省国家税务局、湖北省地方税务局鄂科技发计〔2009〕3 号《关于公布湖北省 2008 年第一批高新技术企业认定结果的通知》，同意公司为高新技术企业，证书编号 GR200842000075，发证日期为 2008 年 12 月 1 日。公司按 15% 的税率计算缴纳企业所得税。

（2）根据财税字〔1999〕273 号，财政部、国家税务总局关于贯彻落实《中共中央国务院关于加强技术创新，发展高科技，实现产业化的决定》有关税收问题的通知，公司从事技术开发取得的收入，免征营业税。

（3）根据财政部、国家税务总局财税字［1999］290号《技术改造国产设备投资抵免企业所得税暂行办法》的相关规定及根据湖北省国家税务局鄂国税函（2007）55号文，公司从2006年起可以享受技术改造国产设备投资抵免企业所得税。

资料来源：湖北中航精机科技股份有限公司年报（2009年）

按2009年企业纳税水平看，石油石化纳税比例不算低。一个不可忽视的原因是，2009年1月1日起，包括中石油、中石化等诸多能源、钢铁、航空巨头在内，106家此前在实施新企业所得税法之后保持合并纳税资格的大型国企，将停止合并缴纳企业所得税资格，意味着企业所得税税负的增加。

（二）整体税负比较

2009年，央企整体税负达到8.8%，地方国企为3.5%，民企为3.1%。央企的税负要高于民企（任鹏宇，2010）。国家税务总局、税务杂志社发布的中国企业纳税百强排行榜也显示，2007年国企在独立企业属地纳税五百强排行榜中有304户，纳税额占75.58%；企业集团纳税五百强排行榜中有305户，纳税额占89.75%；企业所得税纳税百强排行榜中有65户，纳税额占77.84%。央企之所以整体税负高于民企的主要原因在于：

第一，由于垄断经营，央企上市公司多集中在一些主营业务税负较高的行业，如石油、煤炭、石化、金融、房地产等等，这些行业都存在特殊税种。从行业看，采掘业、房地产以及金融服务三个行业的税负占据前三名，其中一些特殊税种应被看作资源租金。而在这些行业中，央企从产值占比上明显占据绝对优势。例如在采掘业，2009年央企上市公司的总销售额占全行业的比重达到87%；在房地产行业，这一比重也有36%，高于地方国企和央企；在金融服务业，这一比重达到76%。

石油、煤炭等资源类企业需要缴纳一定比例的资源税，石油企业的特别收益金虽应被视为资源租金，但在财务上也被算作税负；而在房地产行业，上市公司不仅要承担较高的营业税，30%—60%的土地增值税也会大幅提高公司税负；在金融业，营业税使该行业整体税负显著高于其他一般制造业。

第二，所得税税负的计算，是将所得税与税前利润的比较。而统计表明，由于具有垄断优势，央企上市公司的销售净利率明显高于民企，这就使得央企以收入为分母计算的综合税负，高于以税前利润为分母计算的所得税税负。

与以收入为分母计算的所得税负存在结果上的较大差异的主要原因是央企的高利润率。根据《投资者报》数据研究部的统计，2009 年，央企的整体销售净利率达到 11.03%，而民企只有 8.85%。央企之所以具有更高的销售净利润，同样源自它们的垄断优势。在市场缺乏充分竞争的环境下，央企可以有更强的产品定价权，也就拥有更高的产品毛利率，并且，央企较民企可以省去相当一部分销售费用。

（三）从工业增加值构成看国企税负与非国企的比较

从整个工业增加值的角度分析，采用国家统计局给出的名义工业增加值的数据，国有企业的总税负（名义税负减去补贴和已缴石油与天然气资源租金）占工业增加值的比重约为工业增加值的 24.1%，非国有企业为 18%。考虑到国企集中在垄断行业，还有已缴资源租金外的其他特殊税种，非国有企业因平均规模较小而平均增值税率较低（10.8%），所以可以基本上认为，两者的税负水平相当。

但在国有企业利润总额份额高于非国有企业的情况下，所得税的比重（2.2%）明显低于非国有企业（5%）是比较反常的。结果是，国企的净利润比重（20%）明显高于非国企（15.8%），见下图。

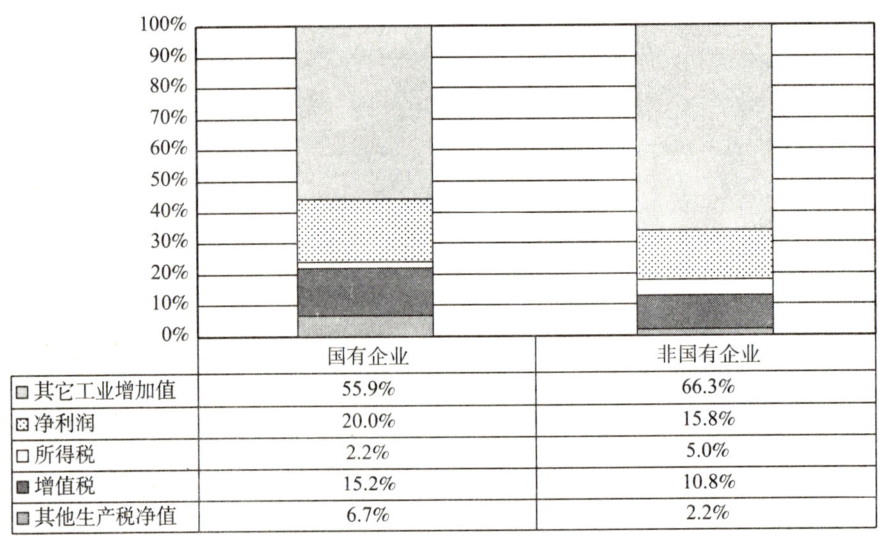

	国有企业	非国有企业
□其它工业增加值	55.9%	66.3%
⊡净利润	20.0%	15.8%
□所得税	2.2%	5.0%
■增值税	15.2%	10.8%
▣其他生产税净值	6.7%	2.2%

图 4.8　国有企业与非国有企业工业增加值中税负结构比较

数据来源：根据《中国统计年鉴 2010》（国家统计局，2010）的数据计算。

五　国有企业的利润上缴和分红情况

（一）对国企分红的讨论

国内对国企分红的大讨论始于2005年11月17日世界银行发表的题为《国有企业分红：分多少？分给谁?》报告，至2007年12月11日财政部正式发布《中央企业国有资本收益收取管理办法》，国有企业分红的讨论并未停止，在《收益收取管理办法》上缴比例公布之后即引来很多争议，上缴比例多少合适，红利支出的流向成为目前国企分红问题关注的热点。

世行报告（2005）发表后，引起社会的普遍关注和讨论，支持国企应当分红主要观点为：（1）国有企业是国家投资的企业，国家作为股东有权利参与红利分配。从国有企业的本质上，国有企业的股东在名义上和法理上均应当归属于全体国民，而政府主管部门只是代为行使管理权力而已。理当以让全体公民成为直接受益者为目标，而不应该单独制定仅仅让部分群体受益的分配原则。（2）国有垄断企业的高工资、高福利来源于行政垄断下的高利润，这些利润本该上缴国家，通过政府的二次分配，用来保障公共事业，如教育、医疗、做实养老金账户等。垄断行业不经股东（民众）同意，私自决定垄断利润的用途，实质上就是背离了民众的委托，侵犯了本属全体民众的财富。（3）世行报告认为从提高投资效率和扩大消费的角度考虑，也有必要重新审视国有企业的治理结构和分红政策，以合理分红的形式来约束国有资本的有效流动和国有企业的投融资行为。此外，政府已经承担了企业的大部分重组成本：如学校和医院等社会责任，以及职工失业和提前退休所造成的成本。实际上，上述社会负担的剥离正是国有企业利润水平不断提高的重要原因之一。这也使国家更有理由去弥补这些成本。

也有学者不主张国家对国有资产进行利润管理，主要理由在于：一是认为对垄断性国企收取过高的红利，会导致企业想办法增加成本和下移利润，例如通过各种方法将利润转化为职工的收入和福利。二是将引起国家财政的混乱。国家应该尽快从市场竞争领域中退出，使国有资本只承担弥补市场失效，满足社会公共需要的功能（李森、赵秀玲，2004）。

以上这种主张从本质上来说，实际是发展的两个阶段。后一个是终极目标，只是现阶段这一目标难以实现的情况下，对国有资产进行利润管理是必要的。

对于目前5%—15%的分红比例，普遍认为这一数值过低。在发达国家中，通常是国企董事会提出分红策略和分红比例，与政府相关机构进行讨论，最后达成一致。现在上市公司的红利分配应该是比较成熟的，如果以上市公司红利分配为参照，国有企业向国家分红的比例似乎也低了一点。目前，上市公司向股东分红的平均比例在40%左右。在其他一些国家，国有企业上缴的红利一般为盈利的1/3至2/3，有的甚至高达盈利的80% -90%。在经合组织国家里，不同公司的分红率差别很大。红利支付占利润收入的比率通常都反映了每家公司自身的增长前景。

对于分红机制的设计，有的学者认为要在满足政府股东对投资报酬率的基本要求的前提下，确保国有企业的可持续发展，国家可以分类规定各类企业的政府股东要求报酬率（汪平，2010）。世界银行提出的方式为制定分红比例的双层结构，即每家国企的分红都由固定部分和可变部分组成。两部分的相对权重应当考虑到行业特点。具体来说，一个行业的盈利变动性越大，可变部分应当越高；按行业统一确定的固定分红率，这一比率可以参考国内外同行业上市公司的历史分红和盈利数据来设定。世行建议考虑将央企的平均分红率定在20%—50%这一区间。由于国有企业属于一种公众信托，因此，一些国内学者、国外政府官员认为，对国有企业剩余现金留存比例应该有更严格的标准。对于一家国家100%控股的国有企业来说，合理的分红政策是将其全部利润都用于分红。

我们认为，应该将“分红”与“利润上缴”区分开来。后者是指，企业管理者应将所有利润上缴所有者，再由所有者决定用多少比例来“分红”，用多少比例进行再投资。关键问题不是分红多少的问题，而是国有企业所有者要有权利决定分红多少。

（二）国有企业的利润上缴情况

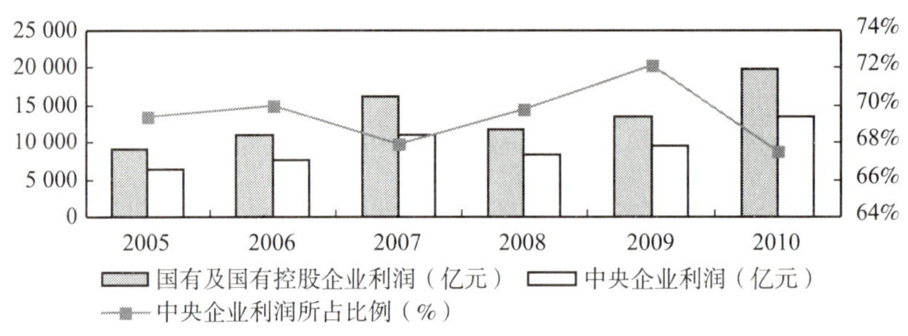

图4.9 国有企业实现利润情况

数据来源：中华人民共和国财政部网站。

根据国资委公布的108家中央企业2009年度分户国有资产运营情况，中石油、中移动、中国电信、中国联通和中国石化等利润排名前10家企业利润总额5 306.9亿元，占国资委管理的央企利润总额的73.76%。其中，中石油和中移动利润分别为1 285.6亿元和1 484.7亿元，这两家企业就超过了全部央企利润的1/3。

可见，国有企业的主要利润来自中央企业，而央企的利润主要是由垄断行业企业实现的。

2007 年我国颁布了《国务院关于试行国有资本经营预算的意见》（国发［2007］26 号），从 2007 年开始试点收取部分企业 2006 年实现的国有资本收益，2008 年起正式实施中央本级国有资本经营预算。这一举动结束了国有企业 13 年不向政府分红的历史。但是目前，中央国有资本经营预算收支范围仅限于在国资委监管中央企业、中国烟草总公司和中国邮政集团公司。目前还有科教文卫、行政政法、农业、铁道、金融等 80 多个中央部门（单位）所属 6 000 多户企业尚未纳入中央国有资本经营预算试行范围。

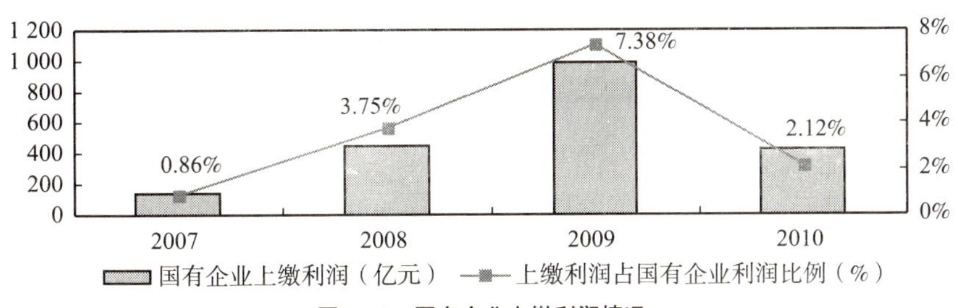

图 4.10　国有企业上缴利润情况

数据来源：中华人民共和国财政部网站。

注：因为 2007 年收取的是部分企业的国有资本收益，因此总额较低。

和总体盈利水平相比，国有企业利润上缴比例非常低。2009 年国有企业上缴利润占总利润的 7.38%，2010 年这一比例降至 2.12%。除了所上缴的红利外，其余利润都在国有企业内部分配。

（三）国有企业海外上市的分红率

世行报告（2005）显示，虽然 1994—2007 年间中国国企不对政府分红，但是海外市场上市的国企，在分红政策上遵循国际惯例。2002—2008 年，172 家在香港股票交易所上市的由中国政府直接或间接持股的中国企业的分红平均数为 23.2%，中值为 22.7%。根据 2005 年 8 月数据，在美国上市的中国主要国有企业的平均分红率为 35.4%。

表 4.4　在美国上市的（ADRDs）中国主要国有企业的分红率

	每股红利	每股收益	分红率
中石油	2.37	7.59	31%
中国移动	0.13	1.41	9%
中石化	1.45	5.91	25%

续表

	每股红利	每股收益	分红率
中国电信	0.83	4.02	21%
中国联通	0.12	0.39	31%
华能电力	1.21	2.14	57%
中国铝业	2.13	7.40	29%
兖州煤矿	1.57	6.36	25%
广深铁路	0.71	0.85	84%
东方航空	0.48	1.15	42%

注：每股计价以美元为单位。

资料来源：www.finance.yahoo.com，2005 年 8 月 1 日。

根据世界银行对 1 264 个中国国企公司一年观察数据中，35%（444 个）不分红，盈利为负时中国国企很少分红，1 264 个数据中只有 8 个在盈利为负时依旧分红，比率仅为 0.6%。

（四）已上缴红利的支出构成

根据财政部数据，2008—2011 年，国有资本经营预算支出安排总额为 2 851.86 亿元。主要用于国有经济和产业结构调整、改革重组补助、新设出资和补充国有资本、中央企业灾后恢复生产重建以及中央企业改革脱困补助等方面。2008—2011 年，这五部分支出共计 2 350.40 亿元，占国有资本预算经营支出的 82.42%。其中，在 2008 年的 270 亿元国有资本补充中，三大国有航空公司和五大电力公司获得了巨额注资，东航分两批共获注资额度 90 亿元，南航获得 30 亿元。2009 年国有资本经营预算支出安排中有 600 亿元专项资金用于电信重组改革。

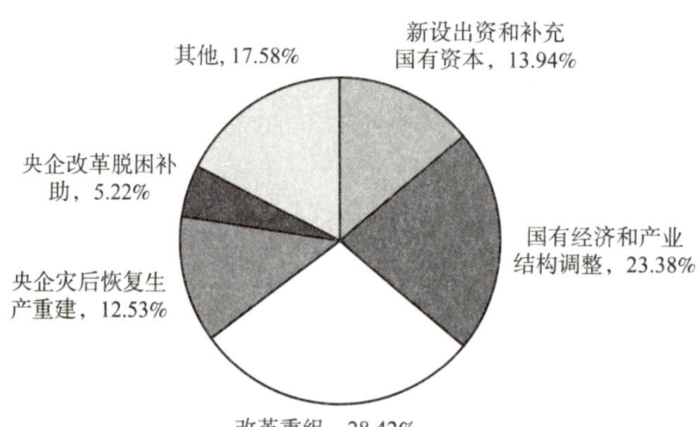

图 4.11　2008—2011 年国有资本经营预算支出安排结构图

数据来源：见下表。

而纳入公共预算和补充社保的资金共100亿元，仅占总支出的3.51%。从支出构成上，收缴的红利目前主要在央企体系内部转移，尚很少体现出惠及民众的意义。国际上的通常做法是，不论什么机构担任国有股东的代表，一般都要求将国有企业的红利上缴给财政部门用于公共支出。

表4.5　2008—2011年国有资本经营预算支出安排结构　　单位：亿元

	2008	2009	2010	2011	合计
新设出资和补充国有资本	270	75	52.5		397.5
国有经济和产业结构调整	81.5	59		495.5	636
改革重组补助		600	130.5	80	810.5
中央企业灾后恢复生产重建	196.3	139.6	20	1.5	357.4
中央企业改革脱困补助			120	29	149
中央企业重大技术创新			32	35	67
节能减排			30	35	65
新兴产业发展				45	45
央企境外投资			30	30	60
央企安全生产保障能力建设				10	10
央企社会保障			5	5	10
纳入公共财政预算			10	40	50
补充社保				50	50
预留			10	2.56	12.56
支出小计	547.8	873.6	440	858.56	2 719.96
国有资本经营预算收入	443.6	988.7	421	788	2 641.3
差额	-104.2	115.1	-19	-70.56	-78.66

注：由于财政部是从2010年公开预算支出表，因此2008—2009年支出安排数据来自国资委，与财政部的支出总额数据稍有不同。

六　小　结

综上分析，我们的一个基本结论是，国有企业在收入分配方面，并不像以往认为的那样体现了公平，甚至是纠正社会不公正的重要方面，而是损害了公平原则。

- 通过少交或不交资源租金，包括土地租金，自然资源租金和其他资源租金，将大量资源所有者的收入转移到了国有企业；
- 通过获得低于市场水平的利息优惠，将贷款资源所有者的收益转移到了国有企业；

• 在存在巨额名义利润的情况下，获得政府高额补贴，将公共财政的资源转移到了国有企业；

• 通过行政性垄断，不当地获得了垄断利润；

• 通过较高管制价格，将消费者的利益转移到了垄断企业；

• 明显地获得减免税优惠，损害了公共财政的利益；将这部分的利益转移到了国内外股东手里；

• 长期不将利润交与所有者决定分配，从总体看几乎没有分红；

• 即使实行了国有资本经营预算以后，央企上交的收益也基本上又支出到央企范围，公共财政基本上没有获得国有资本的收益；

• 根据前述因素而产生的名义利润实行企业内部的奖励，将其他要素所有者和公众的利益转移到国企管理层和员工手里；

• 用国家划拨的土地建设住宅，并低价出售给本企业员工，将国家的土地收益转移到了国有企业员工手里；

• 由于名义利润偏高，又由于少交所得税，名义净利润更大程度地偏高，这些国有及国有控股企业的股东获得了偏高的投资回报。

第五章　国进民退及对市场竞争的影响

——对中国当下“国进”本质的分析及案例研究

中国的国有企业在上个世纪 90 年代经历了大规模的改制，国有企业逐渐从竞争领域中退出。根据《中共中央关于国有企业改革和发展若干重大问题的决定》，国有经济主要控制关系国民经济命脉的重要行业和关键领域，包括涉及国家安全的行业、自然垄断的行业、提供重要公共产品和服务的行业以及支柱产业和高新技术产业中的重要骨干企业。根据这一决定，国有企业逐步在国民经济关键领域中占据绝对主导地位。此外，央企呈更加集中态势。从 2003 年国资委成立以来至 2010 年 4 月初，重组后央企的数量已由当时的 196 家缩减到 126 家，国资委规划 2010 年内将央企数量缩减至 100 家以内。中国的国有企业似乎越来越庞大，加之 2008 年以来全球金融危机的影响，在政府支持下的一些国有企业的做法，更是给人以“国进民退”的猜想。

2009 年以来，“国进民退”之争愈演愈烈，对于学者提出的各行业“国进民退”的现象，政府的态度十分谨慎，国家统计局局长马建堂在参加“中国经济学家年度论坛”时提出中国的统计数据不支持总体上存在“国进民退”的现象。如此争论，到目前依旧没有定论。

孰是孰非？当前中国国有企业是在某些领域“国进”，还是大规模的“国进”？本文在数据支持的基础上分析了近年来国有企业“进”“退”的特征，对“国进民退”之争提出独立的结论：即虽然总体上不存在国进民退现象，但确实存在结构性的国进民退。并以案例的形式分析了近年来在重点领域存在明显的“国进”特征，这些特征伴随着垄断势头回升以及对产权的忽视，例如设立、维护和扩张在个别产业的垄断权，国有企业侵夺民营企业的合法产权等，这些现象损害市场秩序，给中国的民营经济以巨大的打击。

一　近年来国有企业“进”“退”的特征

国家统计局局长马建堂的“中国的统计数据不支持总体上存在国进民退的现象”不无道理。考察历年《中国统计年鉴》的工业数据的两个指标：工业总产值和资金占用情况，可以看出近年来国有企业的份额在下降。

（一）1999 年以来国有及国有控股企业工业总产值比重逐年下降

表 5.1　国有及国有控股企业工业总产值比重　　单位：亿元

年份	工业总产值	国有及国有控股企业工业总产值	国有及国有控股企业工业总产值比重
1999	72 707.04	35 571.18	0.49
2000	85 673.66	40 554.37	0.47
2001	95 448.98	42 408.49	0.44
2002	110 776.48	45 178.96	0.41
2003	142 271.22	53 407.9	0.38
2004	201 722.19	70 228.99	0.35
2005	251 619.5	83 749.92	0.33
2006	316 588.96	98 910.45	0.31
2007	405 177.13	119 685.65	0.30
2008	507 448.25	143 950.02	0.28
2009	548 311.42	146 630.00	0.27

（二）整体来看，1999 年以来国有及国有控股企业资金比重逐渐下降

某期的资产是该期固定资产净值和流动资产之和①。由于目前缺乏 1998 年按行业分国有及国有控股工业企业的流动资产年平均余额和固定资产净值年平均余额，只能暂时从 1999 年起计算。

表 5.2　国有及国有控股企业工业资金占用比重　　单位：亿元

	所有企业资金总额	国有及国有控股企业资金总额	比重
1999	94 924. 87173	63 824. 5718	0. 67
2000	103 702. 7022	68 372. 02129	0. 66
2001	111 924. 2	71 214. 08	0. 64
2002	120 281. 02	72 353. 85	0. 60
2003	137 556. 18	76 446. 38	0. 56
2004	160 733. 96	82 687. 69	0. 51
2005	195 362. 18	898 45. 78	0. 46
2006	231 091. 42	115 408. 2	0. 50
2007	275 470. 27	115 408. 2	0. 42
2008	339 199. 62	1389 48. 51	0. 41
2009	402 585. 77	164 967. 39	0. 41

可以看出，国有企业的资金占用指标在 2006 年有所回升之外，其他年份都是逐年下降的。

（三）某些基础性行业国有及国有控股企业资金比/工业总产值/工业增加值比重近年来有增长的势头

虽然整体上我们可以判断工业领域中不存在国进民退的现象，但是从结构上来分析却不然。我们按照国家统计局对工业领域的分类，选择了十一大基础类行业进行结构性分析。

行业选择的依据是 2006 年的《国务院办公厅转发国资委关于推进国有资本调整和国

① 参考资产利税率这个指标：资产利税率指在一定时期内已实现的利润、税金总额与同期的资产（固定资产净值和流动资产）之比。

有企业重组指导意见》对国有企业涉及的领域进行了定位，即关系国家安全和国民经济命脉的重要行业和关键领域保持绝对控制力，包括军工、电网电力、石油石化、电信、煤炭、民航、航运等七大行业，加上地方国企在煤气、自来水等领域的控制。十一大行业如下：

选取的十一大基础类行业	
1. 煤炭开采和洗选业	7. 有色金属冶炼及压延加工业
2. 石油和天然气开采业	8. 交通运输设备制造业
3. 黑色金属矿采选业	9. 电力、热力的生产和供应业
4. 有色金属矿采选业	10. 燃气生产和供应业
5. 石油加工、炼焦及核燃料加工业	11. 水的生产和供应业
6. 黑色金属冶炼及压延加工业	

根据1999—2009年十一大行业的国有及国有控股企业资金占总企业资金的比重变化、工业增加值的比重以及工业总产值的比重三个指标分析，可以看出我国存在着结构性的国进民退现象。

从资金的角度来看，石油和天然气开采业的国有比重从2005年的96.3%上升到2006年的98.6%，在2008年有下降之后到2009年又呈回升势头，该比重从2008年的95.6%上升到2009年的95.7%。电力蒸汽热水生产供应业的国有比重从2005年的85.8%上升到2008年的88.2%。黑色金属冶炼及压延加工工业、燃气的生产和供应业和交通运输设备制造业的国有比重分别从2008年的56.7%、57.1%、51.6%上升至2009年的57.5%、68.7%、52.9%。

从工业总产值的角度来看，石油和天然气开采业的国有比重从2005年的90.5%上升到2006年的98.9%。电力蒸汽热水生产供应业的国有比重从2005年的89.3%上升到2008年的91.6%。值得注意的是，煤炭采选业和交通运输设备制造业的国有比重在2009年有上升趋势，前者从2008年的59.1%上升至2009年的59.2%，后者从2008年的44.8%上升到2009年的46.4%。

从工业增加值的角度看，同样说明了石油和天然气开采业及电力蒸汽热水生产供应业的国有比重在升高，石油和天然气开采业的国有比重从2005年的88.9%增加到了2006年的99.2%，电力蒸汽热水生产供应业的国有比重从2005年的87%增加到了2006年的88.8%。此外，石油加工及炼焦业的国有比重从2006年的59.5%上升到了2007年的61.7%。

表 5.3　国有及国有控股企业的相应值占该行业所有企业的比重

指标	年份	石油和天然气开采业	电力蒸汽热水生产供应业	石油加工及炼焦业	黑色金属冶炼及压延加工业	燃气的生产和供应业	煤炭开采和洗选业	交通运输设备制造业
资金	2005	96.3%	85.8%	—	—	—	—	—
	2006	98.6%	86.8%	—	57.5%	70.5%	—	56.8%
	2007	96.7%	87.0%	—	57.6%	59.8%	—	55.6%
	2008	95.6%	88.2%	—	56.7%	57.1%	—	51.6%
	2009	95.7%	87.4%	—	57.5%	68.7%	—	52.9%
工业增加值	2005	88.9%	87.0%	64.7%	—	—	—	—
	2006	99.2%	87.6%	59.5%	—	—	—	—
	2007	97.3%	88.8%	61.7%	—	—	—	—
工业总产值	2005	90.5%	89.3%	—	—	—	67.8%	51.8%
	2006	98.9%	90.0%	—	—	—	66.0%	50.2%
	2007	96.9%	90.8%	—	—	—	63.3%	49.8%
	2008	96.1%	91.6%	—	—	—	59.1%	44.8%
	2009	94.6%	91.6%	—	—	—	59.2%	46.4%

注：2009 年及 2010 年《中国统计年鉴》缺乏工业增加值的相应数据。

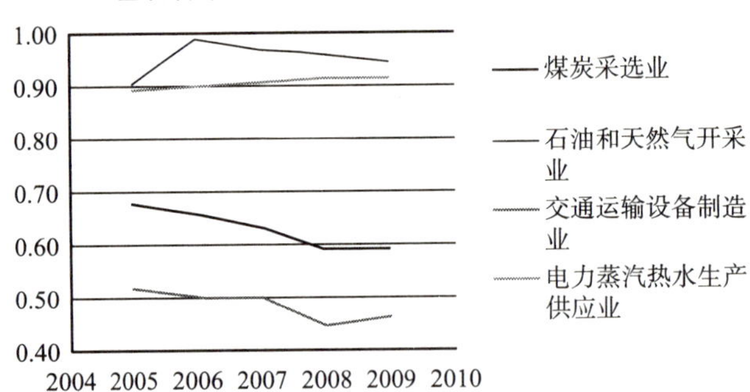

图 5.1　国有及国有控股企业的工业总产值占该行业所有企业的比重

从上述分析可以看出，近年来中国工业领域内总体上不存在国进民退的现象，值得重视的是，在基础类和资源类的某些行业，国有企业的比重呈明显回升趋势。

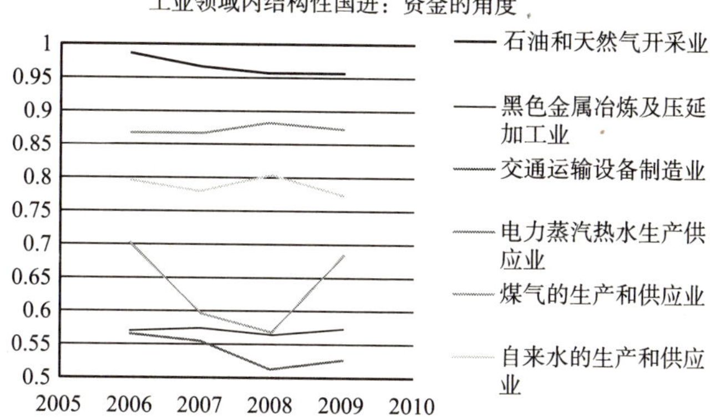

图 5.2 国有及国有控股企业的资金占该行业所有企业的比重

（四）垄断行业的垄断程度在增加

天则经济研究所在《中国经济的市场竞争状况：评估及政策建议》中，用市场力量（market power）的指标对各个行业的垄断程度进行了定量描述。我们发现，在一些行业中，2007 年的垄断程度比 2002 年有显著增加（天则经济研究所，2010）。见下表。

表 5.4 2002 年和 2007 年若干行业市场力量指标（按从大到小排序）

	行业	2002 年	2007 年
33	有色金属冶炼及压延加工业	0.992***	1.481***
16	烟草制品业	1.216***	1.397***
25	石油加工、炼焦及核燃料加工业	1.222***	1.389***
13	农副食品加工业	1.037***	1.229***
39	电气机械及器材制造业	0.724***	1.143***
32	黑色金属冶炼及压延加工业	1.101***	1.134***
26	化学原料及化学制品制造业	1.018***	1.132***
19	皮革、毛皮、羽毛（绒）及其制品业	1.055***	1.111***
28	化学纤维制造业	1.073***	1.107***
17	纺织业	1.017***	1.100***
22	造纸及纸制品业	1.025***	1.096***
15	饮料制造业	1.003***	1.093***
35	通用设备制造业	1.004***	1.069***
34	金属制品业	1.037***	1.061***
42	工艺品及其他制造业	0.916***	1.060***
18	纺织服装、鞋、帽制造业	1.061***	1.048***

续表

	行业	2002 年	2007 年
20	木材加工及木、竹、藤、棕、草制品业	1.054***	1.045***
14	食品制造业	0.975***	1.036***
21	家具制造业	0.999***	1.034***
24	文教体育用品制造业	0.988***	1.013***
36	专用设备制造业	0.921***	1.007***
27	医药制造业	1.032***	1.004***
30	塑料制品业	1.017***	1.000***
43	废弃资源和废旧材料回收加工业	0.927***	07 年无此行业
31	非金属矿物制品业	1.009***	0.973***
37	交通运输设备制造业	0.963***	0.971***
41	仪器仪表及文化、办公用机械制造业	0.948***	0.930***
29	橡胶制品业	0.941***	0.919***
40	通信设备、计算机及其他电子设备制造业	0.986***	0.900***
23	印刷业和记录媒介的复制	0.890***	0.812***

注：*** $p<0.01$，** $p<0.05$，* $p<0.1$

数据来源：天则经济研究所，2010。

我们发现，排在前面的行业，与上述国有企业比重增大的行业有很大重合，见下图。这说明，国有企业在一些行业中统计数量上的增加，与通过政策和管制措施的变化，导致行业的垄断程度的提高有关。

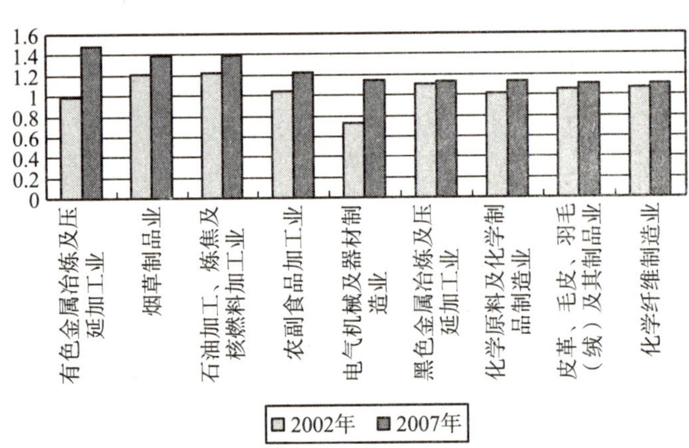

图 5.3 市场力量最高且增长较快的九个行业

数据来源：见上表。

其中比较突出的行业是有色金属冶炼及压延加工业，烟草制品业和石油加工、炼焦及核燃料加工业。

二 “国进”的典型案例

不仅在一些重要产业存在国进民退现象，更重要的是，在一产业中发生的案例具有影响整体制度的全局作用，所以也应被看作是“国进民退”的重要现象。接下来，以七个案例说明即使在整体上国有企业在收缩的情况下，行政垄断在强化、市场竞争规则遭到破坏的事实。

（一）设立、维护和扩张在个别产业的垄断权：石油产业

在中国，石油产业的行政垄断特性却非常之强，政府通过相关政策赋予了三家寡头垄断公司——中石油、中海油和中石化以绝对的垄断地位。

中石油和中石化都是上下游一体的石油、石化企业，中石油的资产重点在上游开采，中石化的生产重点在原油加工和化工产品，中海油主要从事海上石油勘测、开发以及石油加工。这三大企业基本上垄断了我国的油气生产、炼油和原油销售、成品油销售各个领域。

1. 成品油批发环节的垄断

1988 年，石油工业部撤销后，中石油、中石化和中海油三大企业实际上获得了各自领域的部分行业管理权。1998 年 3 月，九届人大一次会议审议批准的《国务院机构改革方案》决定对石油石化工业实施战略性改组，分别组建中国石油和中国石化两个特大型企业集团公司。之后的 1999 年 5 月，国务院办公厅发布了《关于清理整顿小炼油厂和规范原油成品油流通秩序的意见》（国办发〔1999〕38 号）。该文件规定，国内各炼油厂生产的成品油要全部交由中石油、中石化的批发企业经营，其他企业不得批发经营，各炼油厂一律不得自销。确定了中石油、中石化在成品油批发市场的行政性垄断地位。

另外，国家经贸委等五部委也根据 38 号文制定了《关于清理整顿成品油流通企业和规范成品油流通秩序的实施意见》（国经贸贸易［1999］637 号），再一次强调了中石油和中石化的地位，明确规定：国内各炼油厂生产的汽油、煤油、柴油全部由两大集团的批发企业批发经营，其他企业和单位不得批发经营。

2. 供应和配送环节的垄断

三家公司在供应和配送环节也有着明显的行政垄断。2003 年，铁道部下发文件，铁运函［2003］150 号文件《关于加强石油运输管理的通知》，明文规定，油品运输必须经中石油和中石化两大集团提报计划，其他单位提报运输计划，一律不予受理，直接影响了民营企业的采购

和销售油品业务。

此外，2004 年国家发改委等八部委出台的《车用乙醇汽油扩大试点方案》和《车用乙醇汽油扩大试点工作实施细则》（发改工业［2004］230 号），提出了乙醇汽油只能由中石油和中石化两大公司负责生产供应。在《车用乙醇汽油扩大试点工作实施细则》中，第三条明确规定“中石油、中石化两大公司推广车用乙醇汽油时，要充分发挥现有储运设施的能力和各省市石油、石化公司现有较为完善配套的销售网络作用，车用乙醇汽油配送中心和加油站原则上由两大公司在各自参股建设的变性燃料乙醇项目产品销售区域内，根据规划方案，依托现有的油库、加油站进行改造，不铺新摊子，严禁重复建设”。2004 年 8 月，黑龙江省为了落实国家八部委推广使用车用乙醇汽油工作方案，拟定了《黑龙江省推广和使用车用乙醇汽油管理办法》，该办法的核心内容有两条，一是从 2004 年 10 月 1 日起，黑龙江省行政区域内全部封闭使用车用乙醇汽油；二是车用乙醇汽油只能由中石油黑龙江省销售分公司独家销售。

《车用乙醇汽油扩大试点工作实施细则》中有关乙醇供应的垄断条款

二、产品供应

（一）变性燃料乙醇必须由国家批准的企业负责生产供应；车用乙醇汽油指定中国石油天然气集团（以下简称中石油）和中国石油化工集团（以下简称中石化）两大公司负责生产供应。

（二）吉林燃料乙醇有限责任公司 30 万吨/年变性燃料乙醇项目由中石油参股建设，其产品由中石油负责首先在吉林全省推广销售，多余的产品调往辽宁省销售；黑龙江华润酒精有限公司 10 万吨/年变性燃料乙醇也由中石油负责在黑龙江省推广销售。

（三）河南天冠集团公司 30 万吨/年变性燃料乙醇项目由中石化参股建设，其产品由中石化负责首先在河南全省推广销售，多余的产品调往湖北 9 个地市和河北 4 个地市销售。

（四）安徽丰原生物化学股份有限公司 32 万吨/年变性燃料乙醇项目由中石化参股建设，其产品由中石化负责首先在安徽全省推广销售，多余的产品调往山东省 7 个地市、河北 2 个地市和江苏 5 个地市销售。

（五）中石油、中石化两大公司的组分油和变性燃料乙醇可以按市场价格通过互供的形式实现市场调节。

3. 进口原油环节的垄断

目前，中国原油进口分为国营贸易和非国营贸易两类。国营贸易进口权集中在中石化、中石油、中海油、中化、珠海振戎五大石油央企手中。拥有原油非国营贸易进口资格的有 22 家企业，不过22家企业半数具有国企背景，其中包括中石油、中石化名下注册的公司。

目前中石油、中石化系统外的企业若进口原油，必须持有两大集团出具的“排产”（安排生产）证明，海关才放行，铁路部门才安排运输计划。此外，进口原油后还需要返销给两大集团，销售由其统一安排。全国工商联石油业商会综合管理部部长林凌认为，虽然民营油企已获得“原油非国营进口资质”和“非国营贸易进口配额”，但根据我国现行政策也很难进口到原油。此外，非国营贸易进口原油只能用于中石油、中石化两大集团的炼厂加工，不得供应给地方炼厂或流通。这也是非国营贸易原油进口管理的核心和关键。

4. 储备环节的垄断

甚至在储备环节，民营企业也被排除在外。从2003年起，我国启动了国家战略石油储备基地建设，然而占国内石油零售半壁江山的民营企业，被以“对其监管存在很大难度”而一直被挡在国家战略石油储备的大门之外。而相反，中石油、中石化、中海油三大国企从一开始就参与了国家石油战略储备项目，并由国家投资进行石油储备建设。

可见，在石油产业的生产、加工和销售甚至进口等环节，虽然某些链条存在自然垄断属性，然而通过设定垄断权排斥民营企业竞争的做法是显而易见的行政垄断，这是人为制造的，给民营油企带来了灾难性的后果。据中商联石油委的统计，2008年初，全国此前的663家石油民营批发企业，已关门或倒闭了2/3，45 064座民营加油站已倒闭了1/3，亏损的也有1万多家，共有几十万人被裁员。此外，1998年前，民营石油企业占全国成品油市场的85%以上，当年纳税1 000多亿元，而现在由于民营油企缺乏成品油来源，年纳税额不到200亿元左右。

打破进口和储备环节垄断的些许进展

2010年6月，除了中石油、中石化之外，中国兵器工业集团下属的振华石油控股公司获批拥有了真正意义上的原油进口权。此后配额内的非国营贸易进口原油，振华石油可以直接进口，自己支配。振华石油也成为继两大石油集团之后，国内第三家为自有炼化企业供给原油的企业。

2010年5月14日，国家能源局举行利用社会库容存储国家石油储备资格招标。社会库容，指中石油、中石化之外的油企的仓储容量，包括中海油等央企在内。尽管相关人士表示“招标只是资格的优先排序”，但在此之前，国家石油储备基本委托给中石油、中石化运营，这次招标实际上打破了两大石油巨头在石油存储环节的垄断。这是1998年石油体制改革后，民营油企第一次以平等身份参加国家层面的石油建设和运营。在这次中标的6家企业中，蓬莱安邦和莱州东方为央企下属公司，烟台港属地方国企，舟山世纪、舟山金润、浙江天禄为民营企业。

(二) 垄断寡头之间进行非法合并：电信巨头违反《反垄断法》的合并

按照《反垄断法》第 21 条的规定，央企和大部分地方国企的重组都需要审报。但是大多数的企业合并并没有上报，网通和联通的合并就是其中一个典型案例。

2008 年 5 月 24 日，工信部、国家发改委和财政部联合发布《关于深化电信体制改革的通告》，将 6 大基础电信营运商将合并为 3 大集团，即中国联通与中国网通合并；中国卫通基础电信业务并入中国电信，中国电信收购联通 CDMA 网，中国铁通并入中国移动。

2008 年 10 月 15 日，中国联通和中国网通宣布正式合并。不过这两家公司的合并，并不符合 2008 年 8 月 1 日开始施行的《反垄断法》，并没有按照规定向商务部申报。《反垄断法》第 21 条明确规定，经营者集中达到国务院规定申报标准的，经营者应当事先向国务院反垄断执法机构申报，未申报的不得实施集中。《国务院关于经营者集中申报标准的规定》对申报标准作出了规定，即：参与集中的所有经营者上一会计年度在全球范围内的营业额合计超过 100 亿元人民币，或者在中国境内的营业额合计超过 20 亿元人民币，并且其中至少两个经营者上一会计年度在中国境内的营业额均超过 4 亿元人民币。

根据 2008 年 9 月 24 日发布的《关于中国联通股份有限公司与中国网通集团（香港）有限公司合并之重大资产重组报告书（修订稿）》显示，2007 年，联通的营业收入约为 1 004.7 亿元，网通的营业收入约为 869.2 亿元。可见两家公司的营业收入均达到了申报标准，但截至 2009 年 5 月 1 日，商务部有关官员证实，两家公司的合并方案尚未依法向有关政府当局进行经营者集中申报。

> 合并后的“中国联通”简介
>
> 中国联合网络通信集团有限公司（简称中国联通）是 2009 年 1 月 6 日经国务院批准在原中国网通和原中国联通的基础上合并成立的国有控股的特大型电信企业。
>
> 1 月 6 日，国务院国资委《关于中国网络通信集团公司与中国联合通信有限公司合并有关问题的批复》（国资改革【2009】1 号），同意中国联合通信有限公司吸收合并中国网络通信集团公司。合并后，新的集团公司使用“中国联合网络通信集团有限公司”（简称“中国联通”）的名称，中国联通将继承中国联合通信有限公司、中国网络通信集团公司的全部资产、债权债务和业务，中国网络通信集团公司将依法注销。

(三) 国有企业侵夺民营企业的合法产权：山西省政府收回小煤矿开采权

在煤炭行业中，国有企业也拥有特权。首先，国有企业在煤炭资源配置中拥有两种特权：一是可以通过协议出让等行政手段获得采矿权，而非国有企业只能通过招拍挂等市场手段获得；二是国企的煤炭资源价款可以作为国家资本金投入，而非国有企业必须缴纳现款①。目前，在2009年以来的煤炭资源整合中，国有企业又有了新的特权：用行政手段指定国有煤企兼并非国有煤企，进一步强化了国企对煤炭资源的垄断。

2009年5月，《山西省煤炭产业调整和振兴规划》出台，其核心内容之一就是全力推进山西煤炭产业整合：到2011年，山西全省煤炭矿井总数由2 598座减少到1 000座，到2015年减到800座，保留矿井要全部实现以综采为主的机械化开采，煤矿职工要全部培训到位。事实上，到2010年初，山西煤矿矿井数由整合前2 600座压减到1 053座，70%的矿井规模达到90万吨/年以上，30万吨/年以下的小煤矿全部淘汰，平均单井规模由30万吨/年提高到100万吨/年以上，保留矿井将全部实现机械化开采。二是产业集中度明显提高。企业主体由2 200多家减少到130家，形成4个年生产能力达亿吨级的特大型煤炭集团、3个年生产能力达5 000万吨级的大型煤炭集团。以潞安集团为例，作为山西省五大煤炭集团之一（同煤集团、山西焦煤集团、阳泉煤业集团、潞安矿业集团和晋城无烟煤集团），参与了临汾、忻州、晋中、朔州、吕梁、长治6市13县区的煤炭资源整合和企业兼并重组，涉及资源30.2亿吨，矿井数由整合前的110座压减为40座，形成了年产4 110万吨的生产规模。这样大规模的重组，政府和国有企业有了很大的空间来挤压民营企业。

煤炭行业的整合，政府有许多理由，如“资源开发利用现状和利用效率、生态环境安全等，正是政府政策出台的主要出发点”（《中国国土资源报》，2009），不过这些理由却并不站得住脚，如2010年发生的王家岭矿难，该矿隶属华晋焦煤公司是国有企业，国有企业的安全性并不见得更强。且不说政府规划合理与否，然而公司合并遵从的是自愿和公平的原则，政府不能定价、强卖强买。可是山西小煤矿的兼并就违背了这些原则。

一是在产权交易中未遵循自愿原则。举例来说，山西临汾某县通知被兼并煤矿负责人到县政府开会。会上，每人给一张纸，上面写着“我自愿将鬃煤矿卖给鬃集团公司”，既不见买方，又不知道什么价钱及何时交款（《中国经济时报》，2009）。

二是在交易价格上未遵循市场原则，由政府定价。《山西省人民政府办公厅转发省国土资源厅关于煤矿企业兼并重组所涉及资源采矿权价款处置办法的通知》（晋政办发［2008］

① 国土资源部网站 http://www.mlr.gov.cn/xwdt/xwpl/201001/t20100105_131813.htm。关于采矿权的出让办法，《矿业权出让转让管理暂行规定》第十五条：矿业权出让是指登记管理机关以批准申请、招标、拍卖等方式向矿业权申请人授予矿业权的行为。

83 号)，规定“对需要整合的煤矿矿业权价格评估，按如下方法计算：按 2004 年民营煤矿矿主缴纳的采矿权价款的 1.5 倍，乘以煤矿的储量”。而 2004 年的采矿权价款却是焦煤 1.8 元/吨，电煤 1 元/吨，乘以 1.5 后价款分别为焦炭 2.7 元/吨，电煤 1.5 元/吨。据业内人士估计，煤矿采矿权价格应在 14－15 元/吨，与山西省政府的出价相差 5－10 倍（《中国经济时报》，2009）。

此外，由于浙江诸多民营企业涉足山西煤炭行业，从山西省浙江企业联合会的一些公开的声明中亦可看出山西省政府的做法十分不妥。山西省浙江企业联合会在《关于在兼并重组活动中切实维护浙商煤矿企业合法权益的紧急报告》中呼吁上级政府出面协调山西省对民营煤矿资本“一刀切”的做法，以保护民间资本的投资信心。

在山西省此次对小煤矿的兼并重组中，经济补偿问题是资源整合中最关键的问题，根据山西省国土资源厅《关于煤矿企业兼并重组所涉及资源权价处置办法》的规定，采取两种方式解决，一是被兼并重组，煤矿如按照 187 号令《山西省煤炭资源整合和有偿使用办法》规定的标准缴纳了价款，直接转让采矿权的，兼并重组企业应向其退还剩余资源量（不含未核定价款的资源）的款价，并按原价款标准的 50% 给予经济补偿，或按照资源资本化的方式折价入股，作为其在兼并重组后新组建企业的股份。二是被兼并重组煤矿在 187 号令实施前按照规定缴纳了价款，直接转让采矿权时，兼并重组企业应向其退还剩余资源量（不含未核定价款的资源量）的价款，并按原价款标准的 100% 给予经济补偿或按照资源资本化的方式折价入股，作为其在兼并重组后新组建的企业的股份。山西省浙江企业联合会指出，这样的规定看似公平，在国企对国企的整合中或许也能行得通，但是如果民营煤矿被这样整合，无异于被抢劫。因为，很多民营煤矿都是投资人以高于资源价款几倍甚至是几十倍的代价收购参股的，加上多年来的基础建设、工人工资等，如果被整合时只能得到采矿权价款的一半或最多一倍的补偿，那投资者必然是血本无归。因此，煤矿的整合各方必须在平等自愿的基础上签订协议，并按照国家有关规定进行矿产资源评估，以评估价作为整合的对价，这样才能保证投资者的利益不受损失。

（四）直接吞并民营企业：山东钢铁公司吞并日照钢铁公司

盈利的民营企业——日照钢铁有限公司被亏损的国有企业——山东钢铁集团并购一案，是一个极为典型的“蛇吞象”的事例，反映出民营企业在中国的发展所处市场环境的恶劣。在这一案中，政府与国有企业共同挤压了民营企业的生存环境。

2008 年 3 月，济钢集团、莱钢集团以及山东省冶金工业总公司所属企业国有产权划转合并而成的山东钢铁集团挂牌成立，注册资本100亿元。是山东省规模最大的国有独资公司。日照钢铁有限公司成立于2003年2月，是一家集制氧、烧结、炼铁、炼钢、轧钢为一体的大型钢铁联合企业。日钢工程自2003年3月31日正式开工建设到9月28日出铁出钢，仅用181天时间。截至2004年底，公司年生产能力达到300万吨。

山钢对日钢的重组较量已经持续了好几年，最终日钢妥协。不过2009年上半年济钢和莱钢均报亏损，而作为民营企业的日钢却实现净利润18亿。这样一个亏损国有企业并购盈利民营企业的事例也引起广泛的争议。

首先，这一案例是政府主导重组过程，并非市场主体之间以自愿和公平的原则进行重组。早在2007年，山东省政府就下发了《关于进一步加快钢铁工业结构调整的意见》，提出了建设日照大型钢铁基地，这是山东钢铁工业区域布局调整的重点。此外，根据《山东省钢铁工业调整振兴规划（2009－2011）》（山东省人民政府办公厅2009年4月22日印发），山钢将对日钢、济钢、莱钢进行限产、淘汰落后产能，腾出2 000万吨钢铁产能在日照投建精品钢铁基地。也明确提出了山东钢铁集团对山东省钢铁企业的重组目标。

如果市场主体之间以自愿和公平的原则进行重组，则无可厚非，不过省政府发文推动省内企业的重组，这是政府凌驾于企业之上，对市场规则的干预。在政府的支持下，亏损国有企业对盈利民营企业的兼并，不仅违反了《公司法》，也使得中国的市场竞争环境更加难以预料。

《山东省钢铁工业调整振兴规划（2009—2011）》中部分涉及山东钢铁集团的条款

三、发展重点

（二）壮大骨干企业。扶持山东钢铁集团所属济钢、莱钢按照国家钢铁产业调整振兴规划要求，淘汰落后，逐步压缩产能，加快技术改造和新产品的研发，着力提升产品档次。支持青钢按省政府的统一规划实施整体搬迁。支持日钢加快淘汰落后生产能力，将保留的产能纳入日照钢铁精品基地。同时，督促省内其他中小钢铁企业按期完成淘汰落后任务，严禁擅自扩大规模。

四、政策措施

（二）加快企业兼并联合重组步伐。抓住当前国家支持联合重组的时机，按照“政府督导，企业主体，依法操作”原则，推动山东钢铁集团对省内钢铁企业的实质性重组，提高钢铁产业集中度。结合淘汰落后和兼并搬迁，加快内陆钢铁产能向沿海地区转移。认真做好日照钢铁精品基地建设前期准备工作，争取尽快开工建设。内陆地区不再布新点，现有中小钢铁企业不再扩大产能，不符合准入条件的企业逐步退出市场。不再为内陆钢铁企业新增产能批准用地、核准项目。加快淘汰落后，建立问责制，没有按时淘汰落后任务的企业，不得扩容改造和异地转移。

其次，山钢收购日钢的价格的合理性也值得思考。根据2009年9月6日达成的重组协议，双方以共同向山东钢铁集团日照有限公司增资的方式进行资产重组，山钢以现金出资，占67%的股权；日钢以其经评估后的净资产入股，占33%的股权。但对于山钢所出资金的数额，公告并没有明确显示。双方当时约定，山钢日照公司的注册资本在资产评估完成时确定，并在重组协议签订后的180天内完成注资。然而双方对估价有着巨大的分歧，导致一年之后的2010年8月30日，双方才签订第二份重组协议，根据协议，山东钢铁将于今年11月30日前完成对日照钢铁的资产收购。不过第二次重组方案发生了重大变化：原本共同增资入股的重组，如今则是以一次性收购方式完成①。

（五）以公共利益为理由排斥竞争者：北京地铁禁止设报摊

2010年初，北京市政府和北京地铁联合出台“禁报令”，引发了巨大的争议，这是国有企业以公共利益为理由而排斥竞争者的一大典型案例。

“禁报令”的由来是2009年6月16日修订实施的《北京市城市轨道交通安全管理办法》第26条：城市轨道交通车站站厅、站台、车厢、疏散通道内禁止堆放物品、卖艺、擅自摆摊设点以及其他影响通行和救援疏散的行为。此外，在2010年1月4日发布的《关于地铁站内信报发放和停售其他报刊的意见函》中，提到了“根据《轨道交通站内报刊发售问题会商会会议纪要》，《北京娱乐信报》作为北京市批准的唯一的地铁报是服务宣传的重要阵地，可以在保证不影响地铁安全秩序的情况下免费发放”……根据新修改的《北京市城市轨道交通安全运营管理办法》和《轨道交通站内报刊发售问题会商会会议纪要》关于“除信报外，任何单位和个人停止一切在轨道交通站内报刊销售行为；公安机关严格依法取缔在轨道交通内的报刊发售行为。

以公共安全之名只允许一家报业在站内免费发送，这种“禁报令”在全世界都鲜见。世界上那些和北京地铁站一样人流熙来攘往的国际大城市地铁站，都设有报亭，允许售报②。

① 有媒体援引山东钢铁旗下某钢铁集团相关人士的观点称，山东钢铁重组日照钢铁的方案确实已经发生变化。杜双华对资产评估的价值及将来的运作方式不满意，将采取拿钱走人的方式，不再参与新成立公司的运作。有报道称，此前相关中介机构评估日照钢铁的资产在242亿元，但杜双华对此表示异议，认为价值应该在280亿元。——《山钢“一次性收购”日钢杜双华或拿钱走人》，中国新闻网，2010年09月06日。

② 据《环球时报》驻世界各地的记者近日调查，在发生过“9·11”恐怖袭击事件的纽约、发生过“沙林毒气案”的东京、发生过地铁爆炸案的伦敦，都没有像北京这样把报纸当成危险品发出地铁禁售令。——《北京市禁止地铁售报引起中外人士的一致反感》，2010年1月18日《环球时报》。

关于地铁站内信报发放和停售其他报刊的意见函

2009年12月1日，北京市有关部门召开会商会，对轨道交通内报刊发售问题进行了专题研究，会后下发了《轨道交通站内报刊发售问题会商会会议纪要》，《纪要》中明确指出，除信报外，任何单位和个人停止一切在轨道交通站内报刊销售行为，公安机关严格依法取缔在轨道交通内的报刊发售行为。但是，近期公交总队和各级领导在对轨道交通的安全检查中发现，在多处车站站台两侧仍有发售报刊的问题。现就轨道交通站内信报发放和停止销售其他报刊的意见函告如下：

一、《北京娱乐信报》在轨道交通站内免费发放问题。

根据《轨道交通站内报刊发售问题会商会会议纪要》，《北京娱乐信报》作为北京市批准的唯一的地铁报是服务宣传的重要阵地，可以在保证不影响地铁安全秩序的情况下免费发放。但信报的发放地点及位置需选在空间大，便于客流疏散的地铁站指定位置，不得进入站台。

二、除信报外，其他报刊的发售问题。

根据新修改的《北京市城市轨道交通安全运营管理办法》，和《轨道交通站内报刊发售问题会商会会议纪要》关于“除信报外，任何单位和个人停止一切在轨道交通站内报刊销售行为；公安机关严格依法取缔在轨道交通内的报刊发售行为”精神，请地铁运营公司对轨道交通内的设摊售报问题进行研究，尽快停止轨道交通内除信报外的其他报刊的销售。

……

北京市公安局公共交通安全保卫总队

2010年1月4日

这一“禁报令”反响非常不好，事情在2010年5月有了新的进展。北京地铁公司5月10日表示，有关部门组织专家组对地铁线路设置报刊发售规划方案进行了论证、实地勘察及安全评估。经审批，北京地铁公司拟在保证安全运营的前提下，于5月12日开始在5号线、10号线选择站厅层空间较大且符合客运组织和客流疏散要求的12座车站，共13个地点开展报刊发售试点工作。然而，从之前的允许到如今的试点，是一个令人费解的反复。

（六）直接立法或出台政策排斥竞争者：《邮政法》对竞争者的排斥

邮政行业则是通过立法的形式对竞争者进行排斥，2009年4月，《中华人民共和国邮政法》正式颁布。新的《邮政法》第五十五条明确规定：“快递企业不得经营由邮政企业专营的信件寄递业务，不得寄递国家机关公文”。在国务院配合出台的《邮政企业专营业务范围的规定（草案）》中明确规定：将单件重量在100克以内（国家规定的特大城市市区内互寄的单件重量在50克以内）的信件国内快递业务由邮政企业专营。

快寄企业的信件业务量占总业务量的40%—60%，其中，100克以下的占80%，同城快寄50克以下占50%—60%。这意味着专营标准一旦实施，将有很多民营快寄失去业务，甚至倒闭。虽然从法律上第一次确立了民营快寄业的合法地位，但却同时有悖于开放市场的目标，实行邮政专营，歧视民营快寄业。（张曙光、张弛，2009）

（七）利用已有垄断权向上下游延伸，排斥竞争者：管道燃气领域中石油的做法

中国的城市燃气行业已初步市场化，行业内有香港中华煤气、中国燃气、新奥燃气、华润燃气等大公司。为了进军燃气行业，中石油采取“以资源换市场”、建立天然气市场的纵向一体化经营格局策略，一方面是对上下游竞争者极大的排斥，另外也使得下游本来已经初步市场化的城市燃气行业发展方向发生转向。

中石油的战略是，以未来气源供应量作为砝码，与途经14省市进行战略谈判，确定各省市的干支线具体路线，力图将西二线的沿线城市燃气分销网络纳入其版图。中石油整合了集团旗下的从事下游业务的燃气公司，成立了中国石油昆仑燃气有限公司，在天然气业务板块下，进一步拓展天然气销售市场，城市燃气成为中石油下一步的主攻方向。

中石油在推进其燃气业务的过程中，不少原来已在当地开展业务的民营燃气公司受到排挤。2008年，西气东输二线正进入全面建设阶段，中石油提出“以资源换市场”策略，向下游的城市燃气市场推进。此次西气东输二线途经地甘肃武威市的天然气特许商新疆广汇液化天然气发展有限公司（简称新疆广汇）受到排斥。2007年9月，武威市建委通过公开招标，把城市天然气利用项目特许经营权授予了新疆广汇，为此，新疆广汇获得了武威市城市规划区内居民、商业、供热、工业等（除汽车加气以外）天然气利用项目的建设和经营权，特许经营年限为30年。不过随着中石油的强势介入，新疆广汇的特许经营权已经被废止，理由是，2007年12月中石油与甘肃省人民政府签署了《全面战略合作协议》，中石油推进甘肃省城市燃气市场开发是协议的重要项目之一。

与新疆广汇一样，下游众多燃气供应商其气源也主要依赖于中石油，在西气东输二线末端的珠海，也因中石油使得港华燃气等退出珠海市场。在山东，中石油与山东省政府签署了《合作框架协议》，主要内容有：中石油与山东将在油气管网、炼油、成品油销售网络、城市燃气，包括港口和码头在内的油气储运项目等方面展开全面合作。

中石油在天然气上中游市场处于绝对优势地位，通过纵向协议将原本处于初步市场化的下游市场的参与者排除在外，如此明显的做法符合《反垄断法》中“经营者滥用市场支配地位”的垄断行为。中石油和众多省份达成了合作协议，依靠其强大的气源支持，将重新洗牌下游的城市燃气市场，曾经主导下游市场的民营燃气企业，命运堪忧。中石油正是利用其垄断优势，发展纵向一体化，向上下游产业尤其是燃气行业延伸的做法不利于竞争，对公用事业民营化的推进是极大的损害。

中石油旗下公司昆仑燃气与兰州市政府重组兰州燃气

2010 年 5 月 18 日，兰州市政府与中石油昆仑燃气有限公司签署了一系列合作协议，确定对兰州燃气化工集团有限公司进行了资产重组并组建新公司。昆仑燃气整体受让兰州燃气化工 50% 股权，最终形成兰州市政府与昆仑燃气各占新公司 50% 的股权结构。兰州燃气转让给昆仑燃气 50% 的股权中，包括兰州市城市投资发展有限公司持有的 14.46% 股权，兰州国有资产经营有限公司持有的 31.39% 股权，以及兰州燃气公司职工持有的 4.15% 的股权。

兰州燃气化工股权转让项目合作，源于 2007 年 12 月省政府与中国石油天然气集团公司签订了《全面战略合作协议》，之后，2008 年兰州市政府与中石油昆仑燃气有限公司签订了《战略合作框架协议》，从而拉开了甘肃省与中石油之间实质性合作的序幕。

三　对“国进”现象的分析

从工业总产值和资金占用情况两个指标，可以看出近年来国有企业的份额在下降。不过在资源类等基础性领域国有资本整合的情况比较严重，通过对上述案例的分析，更加证实了我国在资源类等基础性行业存在着结构性“国进”的现象。

究其背景，有三方面：第一，国有企业的定位发生了变化。《中共中央关于国有企业改革和发展若干重大问题的决定》（1999 年 9 月 22 日中国共产党第十五届中央委员会第四次全体会议通过）对国有经济的定位是：涉及国家安全的行业，自然垄断的行业，提供重要公共产品和服务的行业，以及支柱产业和高新技术产业中的重要骨干企业。然而，在《国务院办公厅转发国资委关于推进国有资本调整和国有企业重组指导意见》（国办发〔2006〕97 号）中，国资委将国有企业的定位作了修改，“涉及国家安全的行业，重大基础设施和重要矿产资源，提供重要公共产品和服务的行业，以及支柱产业和高新技术产业中的重要骨干企业”。将“自然垄断的行业”改为“重要基础设施和重要矿产资源”，这就大大扩展了国有经济的范围。第二，全国及各省纷纷出台产业振兴计划。2009 年上半年，中国陆续出台了十大产业振兴规划，其中进行产业结构调整和升级，鼓励兼并重组是着重强调的地方。随着中央十大产业振兴规划的出台，各省市也纷纷上马产业计划。第三，资源价格快速上涨。近年来，资源价格上涨速度飞快，如石油、钢材、煤、铜、铁、铝、黄金等的价格已经持续暴涨了近 10 年。

结构性“国进民退”的潜在危害不容忽视。从本文的案例中，我们可以看出国有部门的行政性垄断得到强化，市场竞争的基础遭到削弱。国有垄断行业正是凭借强大的政治优势和资源优势，挤占了民营企业的发展空间。此外，国有垄断企业的种种行为也显现出对规则和制度的漠视，例如联通和网通的合并，中石油的触角延伸到下游燃气市场等行为均无视《反垄断法》。如此漠视规则的做法危害极大，如果关乎国人命脉的行业被漠视规则的垄断性国企控制，中国经济将步入权贵化、寡头化的趋势，另外，整个市场环境也会遭到破坏。

第六章　国有企业对宏观经济的影响

那么，国有企业的存在会对我国的宏观经济带来怎样的影响？直观来看，例如国有企业获政府巨额资金投入“铁、公、基”重大项目中支持无益于 GDP 结构的合理化，长远来说不利于经济的良性发展；国有经济比重过大也不利于财富的分配效应，根据陈志武的统计分析，国有经济比重越高的国家，经济增长带来的资产增值对其老百姓总体收入增长的贡献不会高（陈志武，2010）。

接下来本章从四个部分阐述国有企业对宏观经济的影响，首先从整体来看国有资本的垄断行为是否会影响到中国的经济体，在这一部分中提出了经济脆性的概念，即物价的变动对经济增长变动的敏感程度；接着分别考察国有企业行为对房地产市场、货币市场及大宗产品市场的影响。最后是总结。

一　国有资本整合与经济脆性

本部分考察国有企业在资源类行业的垄断行为对整体宏观经济的影响。2010 年以来，中国的宏观经济面临通货膨胀的压力，衡量物价水平的两个主要指标——我国居民消费价格指数（CPI）和生产资料价格指数（PPI）均持续走高。在 GDP 连年保持较高增长率的情况下，中国的物价水平却波动剧烈。我们提出了“经济脆性”这一概念，即物价水平随 GDP 的变

动而变动的程度，这一概念是对经济增长质量的衡量，是经济增长的边际代价。公式为：$\frac{d(dP/P)/(dP/P)}{|d(dG/G)/(dG/G)|}$，P 指 PPI，G 为 GDP。

通过对 1995—2010 年各季度中国经济和美国经济脆性的计算，从图 6.1 很明显发现，较之美国，中国的经济脆性较大，即 GDP 稍微一增长，就会导致较大的物价浮动，这给宏观调控带来了很大的难度。进一步计算中美经济脆性的均值和标准差，美国经济脆性的均值为 12.2，标准差为 33.8，中国经济脆性的均值为 43.8，标准差为 97.6，这些数据也验证了较之美国，中国存在较大的经济脆性；此外，中国的经济脆性在后期明显减小，可以判断这与中国整体上国有企业的逐步退出相关。然而，中国的经济脆性整体较高，或许与结构性国进民退相关，接下来作重点分析。

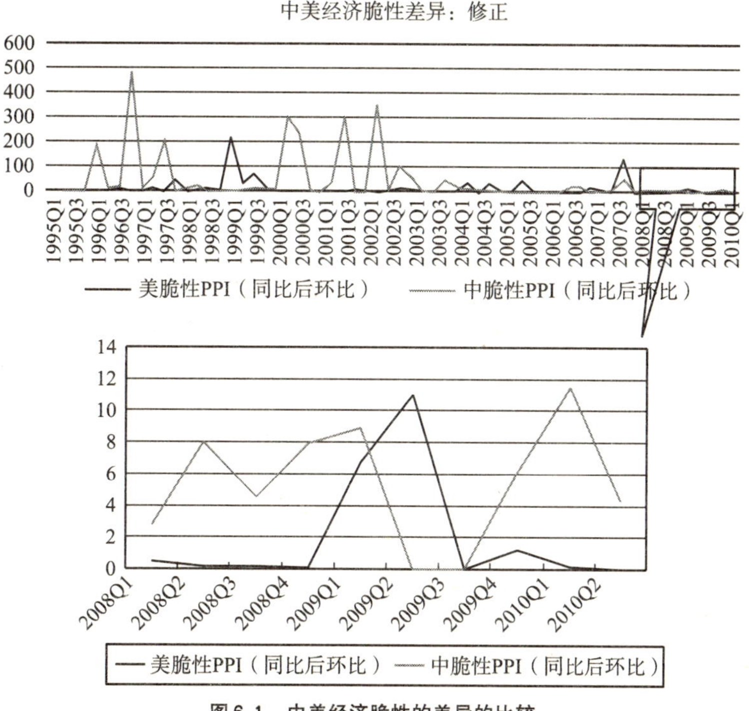

图 6.1　中美经济脆性的差异的比较

从机理上看，制度性进入壁垒、制度性退出壁垒以及低效率都会造成较高的经济脆性，这三点也是前一章我们分析的基础类国进民退的重要特征。当经济扩张和衰退时，价格变动会很剧烈，导致脆性较高。当经济扩张时，如果存在制度性进入壁垒，民营资本不能迅速进来，只能在原有规模的基础上扩张，必然导致价格的迅速上升；当经济衰退时，如果存在制度性退出壁垒，只能在原有规模的基础上退出，必然导致价格的迅速下降。由此，我们考察中国的经济脆性与基础类国有资本整合之间的关系。

我们按照国家统计局对工业领域的分类，选择了十一大基础类行业。

选取的十一大基础类行业	
1. 煤炭开采和洗选业	7. 有色金属冶炼及压延加工业
2. 石油和天然气开采业	8. 交通运输设备制造业
3. 黑色金属矿采选业	9. 电力、热力的生产和供应业
4. 有色金属矿采选业	10. 燃气生产和供应业
5. 石油加工、炼焦及核燃料加工业	11. 水的生产和供应业
6. 黑色金属冶炼及压延加工业	

测算国有资本整合的指标是：从资金占用的角度来考察，即固定资产净值平均余额与流动资产平均余额之和。数据来源于国家统计局，将1999—2008年十一个行业的国有及国有控股企业资金占总企业资金的比重与相应期间内的中国的经济脆性作相关关系分析，其相关系数为0.37。说明了基础性行业国有及国有控股企业的资金比重与脆性呈正相关关系。

从上述分析得知，中国现有的经济脆性较大，而且较大的经济脆性与基础性行业的国有资本整合加剧有关，不从根本上解决能源领域的垄断问题，中国的宏观经济面临的脆性会依然存在，在此基础上的宏观调控难度很大，而且是治标不治本。

二　国有企业当下表现对房地产市场的影响

（一）当前我国房地产行业概况

自上个世纪90年代末期住房商品化改革以来，房地产行业日渐成为中国经济的支柱行业。我们看两个指标：房地产投资占固定资产投资的比例，以及房地产投资占GDP的比重。2001年以来房地产投资占固定资产投资的比重稳健地维持在17%以上。据国家统计局数据显示：2008年全国新房销售额24 071亿元，占同期GDP的比重的7.6%；2007年，新房销售额29 902亿元，占同期GDP的比重的10.4%（《中国证券报》，2009）。

与发达国家的经验相比，中国近年来房地产行业的投资数据一方面说明了现阶段房地产行业在国民经济中发挥着重要的作用，另一方面也表明随着中国城市化的继续，房地产行业的繁荣还将持续较长的一段时期。从历年全国商品房的销售均价来看，2001年至2009年呈持续快速上涨态势，正是由于房地产行业的投资回报率高以及具有较高的流动性，房地产行业，不仅为居民居住条件的改善作出贡献，也越来越成为当下中国各行业投资逐利的方向，才有了国有企业纷纷进军房地产行业，造就了一个又一个的“地王”。

（二）国有企业参与中国房地产业的特点

1. 央企与房地产业

大批央企参与到房地产市场中，拿地价格偏高。由于具有很高的回报率，在房地产行业中积极地活跃着诸多国企的身影。有数据表明，2008 年地产行业上市公司的平均净利润率为 20%，央企下属的 16 家上市地产企业的平均净利润率为 21. 13%。2009 年当时国资委分管的 136 家央企中，以房地产为主业的企业有 16 家，辅业中包含房地产业务的达到 80 多家，70% 以上的企业都涉及房地产业务。房地产是央企的主要辅业，也是央企的重要利润来源。

2009 年以来，国资背景的企业明显在房地产行业中占据重要地位，造就了一个又一个的央企“地王”。央企房企具有融资渠道多、融资成本低等优势，拿地价格也偏高。据中原地产统计显示，北京 2009 年国企在拍得的住宅地块中，国企拍得的土地楼面地价已经达到了 6 859. 3 元/平方米，相比民企的 4 324. 6 元/平方米也明显高出 2 534. 7 元/平方米。到 2010 年 3 月 17 日为止，成交的 29 块非工业用地中有 18 块为国企及国企背景企业获得，国企拍地的楼面价已经高达 11 385 元/平方米，超过民企拿地成本三成以上。

2009 年几家典型的央企地王

2009 年以来，国资背景的企业明显在房地产行业中占据重要地位，造就了一个又一个的央企“地王”。

●2009 年 6 月 30 日，中国中化集团旗下的中化方兴投资管理有限公司以 40. 6 亿元的高价摘得广渠路 15 号地块，刷新了 2007 年地产市场调整以来北京“地王”的新纪录。

●2009 年 7 月 23 日，金地集团在上海以 30. 48 亿元拿下青浦区赵巷镇特色居住区 10 号地块，创造了上海地王。

●2009 年，招商地产和华侨城联手在深圳以 5. 3 亿元拿下位于豪宅片区的宝安尖岗山A122 -0332号地块。地块最终成交楼面地价 18 874. 64/元平方米，再创深圳新地王。

●2009 年 9 月 8 日，在南京市国土局，同样是国字号的中国保利集团控股下的保利地产以 15. 92 亿元的“天价”一举拿下河西金沙江地块，其楼面地价更是高达每平方米 7 553 元。

此外，2009 年成交总价排在前 10 位的地块中，国有企业占据 8 席，成交楼面地价前 10 位的企业中，国有企业同样占据 8 席。

国有房地产企业的资金优势。长期以来，国有企业还具有来自于银行及政府的资金优势。在融资的可得性和融资的便利程度上，均优于民营企业，其主要原因便是中国以国有银行为主导的商业银行体系，国有银行的低风险偏好与国企亏损的政策性兜底相结合。《2009 年非公经济发展报告》显示，2009 年短期贷款构成中，非国有部门占比 15.1%，个体私营企业仅为 4.7%。国企往往享受更多利率优惠，融资成本更低。另外一个数据也证实了这一点，《投资者报》对已经公布年报的 986 家公司进行统计，分析结果表明，986 家公司 2009 年总计从金融机构借得 2.6 万亿元的贷款，其中央企获得 1.7 万亿元，占比达到 65%。而从数量上，央企只占这些公司的 18.5%。

此外，《每日经济新闻》对 2009 年前两个月国内 14 家银行的公开授信资料进行的统计显示，前两个月，国内 14 家银行授信额度总规模达到 4.52 万亿元；其中对地方政府授信 3.49 万亿元，对大型投资项目和大型企业授信 1.06 万亿元，而对中小企业授信仅为 1 956 亿元，不到总规模的 1/20。有数据显示，中小企业占中国 GDP 的份额为 8.5%，而现在银行的授信规模却只有 5%。因此，在银行信贷大潮中，大部分资金都流向了有国资背景的国字号企业，这其中重要的原因是国有企业符合政策导向，又和国资捆绑在一起，银行放贷风险较小。

2010 年央企获得银行巨额授信额度的例子

2010 年以来，中央企业获得商业银行巨量信贷额度的一些事例如下：

中铁集团 3 月 10 日与中国农业银行签署战略合作协议（根据协议，农业银行承诺在未来三年内向中铁集团提供总额为 1 100 亿元的意向性融资额度。这是今年以来中央企业获得的最大一笔银行授信额度）。

3 月 15 日，中材集团与广东发展银行在北京签署战略合作协议（根据协议，广发银行将为中材集团提供全方位的金融服务和 50 亿元的授信额度）。

3 月 8 日，中国建筑材料集团与中国进出口银行在北京签署战略合作协议（这是中国进出口银行今年以来第二次向央企伸出信贷“橄榄枝”）。

2010 年 1 月份，中国进出口银行与中国商用飞机有限责任公司签署了 500 亿元《金融战略合作框架协议》

……

2. 地方城投公司参与土地开发中，地方政府负债率上升

中国地方活跃着庞大数量的地方国有企业——城市投资开发公司（以下简称城投公司），

它们代替政府承担城市开发和建设功能。城投公司大多进行土地一级开发，同时也进行二级开发以获得更多的收益。由于地方政府不得发行债券或直接从银行借款，而且地方政府也要承担当地经济增长和就业的职能，于是城投公司应运而生，为地方政府在进行基础设施建设和其他项目投资时承担债务。

城投公司带来的一个直接的负面影响是巨大的地方负债，这已成为影响中国宏观经济的突出问题。虽然作为贷款抵押的土地在相当长时间内有升值趋势，但超高的负债率的后果有一定风险，是中国经济的一个巨大隐患。央行的调研结果显示，截至2009年5月末，全国共有政府投融资平台3 800多家，总资产近9万亿元，负债升至5.26万亿元，平均资产负债率约为60%。其中，很多地方融资平台没有固定的收入来源。这5.26万亿元的负债相当于2009年全国GDP的15.7%。此外，据中金公司研究报告预计，2009年末，地方政府融资平台贷款余额（不含票据）约为7.2万亿元，其中2009年净新增约3万亿元。预计2010年和2011年后续贷款约为2万亿元—3万亿元，2011年底达到约10万亿元。报告称，2009年底主要上市银行地方政府融资平台贷款约占贷款总额的10%，国开行和地方性金融机构占比相对较高。10万亿元的地方政府负债约占中国2009年GDP的1/3，相当于中国外汇储备的70%（《中国证券报》，2010年3月17日）。

（三）国有企业参与中国房地产业的后果

住房市场化以来，中国的房地产行业迅速发展壮大，在中国处于快速并且持续城市化的过程中，加之中国的土地由政府所垄断，这些都是房价上涨的重要因素。中国的国有企业却将大笔资金投入到房地产市场中，其后果有如下几点：

首先，对房价的飙升起到推波助澜的作用，使得房地产价格扭曲。由于当前央企的资产规模、现金流量都很大，而投资机会比较有限，加之对未来中国城市化进程的预期，央企重点投资房地产领域，此外，国有企业的实际成本是偏低的（参考第四章），高估地价的同时也导致资产价格增长过快，这对房地产行业，甚至整个中国经济的良性发展都是不利的。

第二，市场秩序扭曲，民营企业难与其竞争。国有企业依靠其享有的政策和资金便利，抬高地价，从一定程度上扰乱了市场竞争秩序，挤压了民营企业的发展；另外，国企在参与房地产开发中，往往获得银行的追捧与青睐，大量房贷资金涌向国企，造成了民营企业正常贷款严重受阻，增大了企业经营成本和风险。

第三，对中国宏观经济的影响。地方城投公司大量拿地带来的一个直接的负面影响是巨大的地方负债，这已成为影响中国宏观经济的突出问题，超高的负债率的后果非常危险，是中国经济的一个巨大隐患。

三 国有企业当下表现对金融市场的影响：以证券市场为例

国有企业的资金包括企业自有资金和银行的信贷资金。国有企业凭借其优势，将大量的信贷资金投入股市等金融衍生品领域。

（一）信贷资金流入股市的规模

信贷资金流入股市，企业将信贷资金投入到股市楼市的途径一般来说有两种方式，一是直接将信贷资金转移到其证券账户，但随着银行严查信贷流向，这一几率已降低；二是利用复杂的贸易，通过多次转账套取部分信贷资金，投资股市。

据国务院发展研究中心宏观经济部副部长魏加宁的估计，截至2009年5月，国内商业银行信贷投放达到了5.8万亿元，已超过2008年全年的信贷增量，根据5.8万亿的贷款规模计算，大约1.16万亿的信贷资金流入到了股市。此外，央行公布的数据显示，2009年前五个月的票据融资额为1.7万亿元，占全部信贷资金比例约在30%左右。据他测算，上半年，有20%左右的信贷资金流入股市，30%左右的信贷资金流入了票据市场。这意味着有一半左右的银行资金是在金融系统内部自我循环。当资金在金融体系里自我循环，自我膨胀，而不为实体经济服务时，就会产生金融泡沫。目前快速增长的大量资金在金融体系内的自我循环，极容易推高股价，形成新的金融泡沫，同时也推高房地产的价格（《中国经济周刊》，2009年7月6日）。

另外，中国社科院国际金融研究中心研究员张明认为，2009年上半年7.37万亿元的全部新增贷款中，可能有将近2万亿元进入股市，占全部新增贷款近30%。理由是2009年上半年中国企业存款增加5.27万亿元，如果再考虑到企业自身盈利增长，则企业存款增量与企业部门信贷增量之间存在一个显著的缺口（《北京商报》，2009）。参考图6.2，2009年3月开始起至8月期间，上证指数攀升了近1 400点，这一趋势与上述分析相当吻合。

银监会控制违规资金入市的文件

为提供商业银行对信贷的风险管控能力，2009年开始，银监会连续出台了《固定资产贷款管理暂行办法》、《流动资金贷款管理暂行办法》、《个人贷款管理暂行办法》和《项目融资业务指引》，即“三个办法一个指引”。“三个办法一个指引”，原则上堵住了违规资金挪用的问题，其最重要的办法是“受托支付”，可实现对资金流向的监管。受托支付，即贷款人审核同意后，将贷款资金通过借款人账户支付给借款人交易对手，信贷资金并不让借款人经手。《固定资产贷款管理暂行办法》规定，单笔金

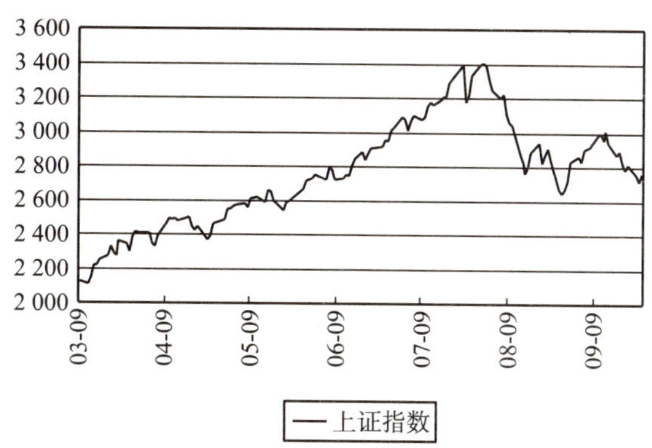

图 6.2　2009 年 3 月至 2009 年 9 月上证指数波动图

数据来源：新浪财经（http：//vip. stock. finance. sina. com. cn）。

额超过项目总投资 5% 或超过 500 万元人民币的贷款资金支付，应采用贷款人受托支付方式。《流动资金贷款管理暂行办法》规定支付方式采用自主支付还是受托支付，尊重契约自由，合同约定优先。但是，贷款人与借款人新建立信贷业务关系且借款人信用状况一般，支付对象明确且单笔支付金额较大，贷款人认定的其他情形等情况下，应当采用受托支付的方式。在实践中，商业银行一般也参照固定资产贷款的做法，流动资金贷款在 500 万元以上的采用受托支付。《个人贷款管理暂行办法》规定，原则上采用受托支付，自主支付作为例外补充。

（二）国有企业炒股

2005 年新的证券法给国企资金进入股市提供了理由。1999 年实施的《中华人民共和国证券法》第七十六条明确规定："国有企业和国有资产控股的企业，不得炒作上市交易的股票"。然而 2005 年 10 月 27 日修订的《中华人民共和国证券法》第八十三条将此修正为："国有企业和国有资产控股的企业买卖上市交易的股票，必须遵守国家有关规定"。

在一些国有上市公司中，非主营业务收益已经大大超过主营业务，其中股市投资收益占了很大比例，且投资金额和比例都比较大。据统计，截至 2005 年 3 月 11 日，已公布 2004 年年报的国有控股上市公司中，有 86 家参与国债或是股票的短期投资，累计金额达 35. 39 亿元，占净资产总额的 2. 6%。曾委托理财的央企不在少数，如南航集团、宝钢等。

银行信贷资金入市及国有企业炒股危害很大：一方面加重股市泡沫化。信贷资金入股市的越多，股市"泡沫"成分就越大，投机现象越严重，股市处于高风险状态，此外，若国企大量资金抽离股市也会造成股市的动荡。另一方面还会影响企业的正常的运营。

中国核工业建设集团公司和中国海运（集团）炒股

2007 年 6 月 18 日，中国银监会公布了中国核工业建设集团公司和中国海运（集团）挪用信贷资金进行违规炒股或者打新股的具体情况，并对涉案的 8 家银行分支进行了行政处罚。调查显示，2006 年 6 月以来，中国海运从银行获得的至少 24 亿元贷款被划至证券经营机构用于申购新股。银监会调查显示，2001 年以来，中国核工业建设集团累计从交通银行、北京银行等获得 51 笔流动资金贷款，总额 23.66 亿元，其中 87.32% 的银行信贷资金被企业挪用。2006 年 6 月以来，招商银行上海东大名支行等 6 家银行向中国海运（集团）公司发放 27 亿元流动资金贷款中至少 24 亿元被中国海运（集团）公司直接或间接划至证券经营机构用于申购新股（《东方早报》，2007）。

（三）国企投机做金融衍生品业务

近年来，国企尤其是大型央企参与金融衍生品业务，但结果是遭到巨额亏损。一个数据是，2009 年 5 月，国资委网站披露 28 家央企在做金融衍生品业务，亏损居多。央企违规投机金融衍生品屡禁不止。

以中航油的海外子公司从事石油衍生品交易导致巨额亏损为例。2001 年 5 月，中国证监会、国家经贸委等五部委联合发布了《国有企业境外期货套期保值业务管理办法》，明确规定获得批准的国有企业只能从事境外期货交易所上市的标准化合约的交易，且只能从事套期保值活动，不得进行投机交易；期货持仓量不得超出企业正常的交收能力，不得超出进出口配额或许可证规定的数量，期货持仓时间应与现货保值所需的计价期相匹配。中国证监会先后批准了金属、粮油、石油三个行业的 26 家企业的境外期货套期保值业务资格。其中石油企业包括中国化工进出口总公司、中国国际石油化工联合有限责任公司、中国联合石油有限责任公司、中国远洋运输（集团）总公司、中国航空油料集团公司、中水集团远洋股份有限公司、中国石化国际事业有限公司共 7 家石油进口量较大的公司。

不过，2004 年，中国航油集团（中航油集团）其下属的海外子公司中航油（新加坡）股份有限公司（下称中航油）因从事石油衍生品交易，导致 5.5 亿美元巨额亏损，并向新加坡高等法院申请破产保护。中航油从事“场外石油衍生品交易（OTC）”。中国航空油料集团公司境外期货套期保值业务的具体操作，主要由注册在新加坡的中航油新加坡公司负责实施。国际上场外衍生品交易，几乎不受政府监管。

其他事例还有很多。例如根据中国远洋控股股份有限公司 2008 年年报，截至 2008 年 12 月

31日，中国远洋各干散货公司所持有的远期运费协议产生浮动净损失（抵减已实现收益）高达41.21亿元（《中国远洋控股股份有限公司2008年年度报告》，2009）。中信泰富有限公司2008年10月20日宣布，集团为了澳洲铁矿石项目进行的杠杆式外汇买卖合约已引致亏损共8.07亿港元，而仍在生效的杠杆式外汇合约，按公平价定值的亏损达147亿港元，从2008年7月1日至10月17日止，公司已因此亏损8.07亿港元。

四 国有企业行为对大宗商品的影响

国企除了将资金投入股市、楼市及金融衍生品之外，也在寻找新的投资渠道。楼市、高耗能产业受到国家调控，从中退出的资金需要寻求新的投资渠道，如大宗产品。其中农产品市场因其规模小、易操作，成为这部分资金的去向之一。典型的案例是中央储备粮管理总公司推高了2010年夏季的小麦价格。

2010年6月底，安徽、山东等地小麦收购价格，同比上涨约10%，首次冲破每斤1元大关，远远高于国家发改委等部门6月初联合发布的《2010年小麦最低收购价执行预案》中的政策收购价。对此国家粮食局作了有关粮价上涨原因的调研报告——《粮价上涨原因调研报告》，对推高小麦价格的多种因素作了全面分析，其中明确指出，国家粮食收储的头号“主角”——中央储备粮管理总公司有着不可推卸的责任。报告还指出，现行以中储粮为主导的托市收购政策缺乏竞争机制。

早在2006年托市政策实施当年，中储粮公司及地方储备粮公司就以发改委和财政部联合公布的“最低收购价”收购小麦815亿斤，占到当年全国小麦总产量的40%以上，流通小麦总量的60%以上。在河南、河北的一些地方甚至出现了粮仓爆满、露天存放的现象。然而，当年11月初粮食主产区和主销区的小麦却不降反而骤升。有关部门随后多次在郑州和合肥等地公开拍卖当年中储粮公司新收购的“临时存储”小麦，总量超过400万吨，但当时平抑粮价的效果却不明显。值得注意的是，当时政府投放市场的400多万吨最低价小麦，拍卖底价全都高于当初的最低收购价。这对于唯一的卖主——中储粮公司来说，可谓“一举多得”——托市收购抬高了粮价，高价卖粮又增加了利润，同时也实现了政府要求的顺价销售原则[①]。

---

① 顺价销售是指国有粮食收储企业要以原粮购进价为基础，加上当期合理费用和最低利润确定销售价格。顺价销售的具体价格由独立核算的国有粮食购销企业根据规定和市场价格情况自行确定。国有粮食购销企业粮食顺价销售价格，按照保本微利的原则制定。不得擅自低价亏本销售粮食。

五 总 结

中国的国有企业由于其享有的政策和信贷优势，往往将巨额资金投入到非主营业务之外，如炒股，投入楼市，投资金融衍生品，炒大宗商品，甚至委托中介公司理财进行投机。这些行为对中国的经济有非常负面的影响。首先，国企将资金大举进入上述领域，会推高以及扭曲价格，对股市楼市等市场造成动荡。其次，中国的股市和楼市是中国经济的风向标，由于国企的炒作行为，对整个中国的宏观经济带来潜在的风险。从总体来看，中国在资源类等领域的国进现象也加剧了中国宏观经济的不稳定性。再次，由于国有企业和民营企业面临不平等的竞争环境，从长远看也有害于中国经济的稳定性。

第七章 对国有企业当下表现的政治经济学分析

一 国有企业当下问题的历史起点

20 世纪 90 年代初，大量的国有企业处于亏损或微利状态。这是因为，经过 80 年代的改革，虽然国有企业的企业制度也有很大改进，但民营企业已经崛起，三资企业已成气候，在它们之间的竞争中，国有企业还是稍逊一筹，因此纷纷败下阵来。国有企业从整体上处于长期亏损状态。见下表。

表 7.1 国有企业净亏损（1990—1993 年，单位：亿元）

年份	1990	1991	1992	1993
国有企业净亏损	-500.58	-435.55	-384.99	-361.80

数据来源：根据国家统计局网站（http://www.stats.gov.cn/tjsj/ndsj/2007/indexch.htm）数据计算。

在这种背景下，中共中央在 1993 年 11 月召开的十四届三中全会上，提出了后来被称之为“抓大放小”的改革方案。对中小型的国有企业进行各种形式的改革，主要是产权性质的改革，从承包经营到整体出售；对于长期亏损的企业采取破产安排；而对大中型国有企业则进行企业制度的改革，主要是公司化和股份化改革。

而所谓大中型国有企业，大多是处于稀缺资源和垄断领域的国有企业。在 90 年代初，中国的经济发展还没有从产业发展转变为城市化发展，中国的经济规模也没有大到对世界资源价格产生明显影响的地步，中国民众的收入还没有普遍提高到可以购买高价值商品（如住宅、汽车）的水平，具有强大购买力的城市中产阶层还没有形成。这时的土地还因长期的划拨方式而被认为是没有价值的，石油、煤炭等自然资源的价格处于低位，较高价值的商品（如手机）还没有明确的乐观市场前景，因而处于这些领域的国有企业也没有被认为是处于良好的市场环境中。

在这种背景下，于1993年12月颁发的《国务院关于实行分税制财政管理体制的决定》提出，“逐步建立国有资产投资收益按股分红、按资分利或税后利润上缴的分配制度。作为过渡措施，近期可根据具体情况，对一九九三年以前注册的多数国有全资老企业实行税后利润不上缴的办法，同时，微利企业交纳的所得税也不退库。”其中加重体的字实际上是有条件的，临时的，和具有过渡性质的安排，但正是这一句话，构成了在此之后发展的国有企业问题的主要前提。

在此之后的14年里，国有企业没有上缴一分钱利润，但仍然由国家财政至少承担了3680亿元的亏损，见下表。直到2007年12月，财政部和国资委才联合颁发了《中央企业国有资本收益收取管理暂行办法》，其中规定中央国有企业分三种情况上缴利润，最高10%。

表7.2　国家财政分项收入　　单位：亿元

年　份	收入合计	各项税收	企业收入	企业亏损补贴	能源交通重点建设基金收入	预算调节基金收入	教育费附加收入	其他收入
1978	1 132.26	519.28	571.99					40.99
1980	1 159.32	571.70	435.24					152.99
1985	2 004.82	2 040.79	43.75	-507.02	146.79			280.51
1990	2 937.10	2 821.86	78.30	-578.88	185.087	131.21		299.53
1991	3 149.48	2 990.17	74.69	-510.24	188.22	138.53	28.01	240.10
1992	3 483.37	3 296.91	59.97	-444.96	157.11	117.47	31.72	265.15
1993	4 348.95	4 255.30	49.49	-411.29	117.72	102.46	44.23	191.04
1994	5 218.10	5 126.88		-366.22	53.96	59.10	64.20	280.18
1995	6 242.20	6 038.04		-327.77	17.42	34.92	83.40	396.19
1996	7 407.99	6 909.82		-337.40	3.78	11.09	96.04	724.66
1997	8 651.14	8 234.04		-368.49			103.29	682.30
1998	987.95	9 262.80		-333.49			113.34	833.30
1999	11 444.08	10 682.58		-290.03			126.10	925.43
2000	13 395.23	12 581.51		-278.78			147.52	944.98
2001	16 386.04	15 301.38		-300.04			166.60	1 218.10
2002	18 903.64	17 636.45		-259.60			198.05	1 328.74
2003	21 715.25	20 017.31		-226.38			232.39	1 691.93
2004	26 396.47	24 165.68		-217.93			300.40	2 148.32
2005	31 649.29	28 778.54		-193.26			356.18	2 707.83
2006	38 760.20	34 809.72		-180.22			446.85	3 683.85

数据来源：国家统计局网站（http：//www.stats.gov.cn/tjsj/ndsj/2007/indexch.htm）。注意，其中“企业收入”栏自1994年以后就一直是空白，但“企业亏损补贴”栏却仍每年有100多亿到300多亿不等的数字。

而实际上，正是在这十几年中，尤其是在2000年以后，中央国有企业的名义利润有了显著的增加，见下图。最多每年高达万亿以上。

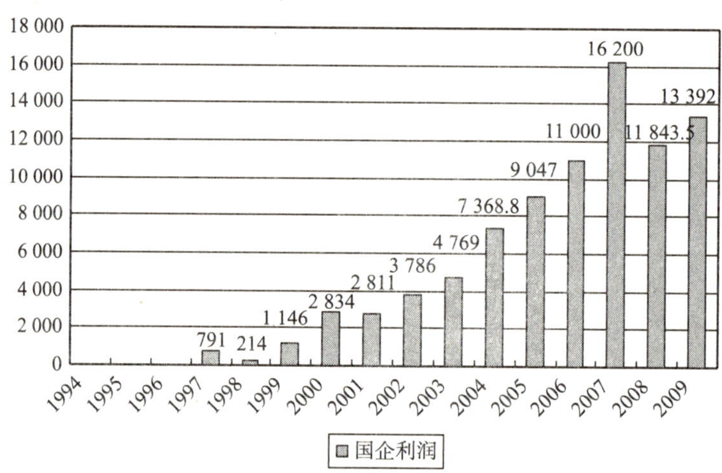

图7.1　国有企业利润　　单位：亿元

数据来源：中华人民共和国财政部数据。

说明：这一数据的口径比国家统计局关于“国有及国有控股工业企业”的口径要大。

正是这些巨额的名义利润，成为中央国企管理层的重要的既得利益，也是唤醒他们关于作为一个特殊利益集团的自觉意识的重要事实。直到今天，即使上缴10%的名义利润，国企管理层仍然是控制着绝大多数国企利润的群体。真正的所有者——全体人民，其及代理人——政府，都没有有效行使所有者所应行使的权利，对名义利润进行直接支配。

二　90年代初国有企业的制度状态

自20世纪80年代以来，对国有企业的改革经历了放权让利，承包制，利改税，利改税第二步，股份化和建立现代企业制度的几个阶段。虽然其中的大多形式都具有过渡性质，但或多或少在后来的国企的企业制度中留下痕迹。

第一，1993年《公司法》颁布，其中有“国有独资公司”一章。在此之后，不少国有企业按照《公司法》的规定进行了公司化的改革，至少成为一家国有独资公司。也有一些国有企业进行了产权多元化的改革，成为了有多家股东的有限责任公司。还有些国有企业改造为股份有限公司，成为上市公司。

然而，在公司的外壳之下，国有企业还保留着很多原来的特征和改革过程的遗存。第一，预算软约束仍然存在。这在 1994 年以后表现得非常清楚。十几年的时间国有企业虽然没有上缴一分钱利润，却每年让国家承担 200 亿—300 亿元左右的亏损，见表 7.2。2005 年到 2008 年，中国石化公司在净利润共有 1 746 亿的情况下，仍然成功地获得国家补贴 727 亿元。2007 年至 2009 年，中国石油公司在共有净利润 3 790 亿元的情况下，仍从国家那里获得 192 亿元的补贴、175 亿元的税费返还（详见第三章“国有企业的当下表现（一）：效率”）。

第二，经过一系列的改革，国有企业被控制得过死的问题基本得到了解决，但却产生了内部人控制的问题，即管理层过多地侵占所有者的利益的问题。这表现为前述国务院文件暂时不缴利润的规定。这一规定基本上将放权让利的逻辑推行到了极端，但这已经违反了放权让利的初衷，即同时增加所有者的利益。另一个极端的表现是，2001 年由当时的国家经贸委、人事部和劳动保障部联合发文的《关于深化国有企业内部人事、劳动、分配制度改革的意见》（国经贸企改〔2001〕230 号）中提出：“企业职工工资水平，在国家宏观调控下由企业依据当地社会平均工资和企业经济效益自主决定。”这一规定实际上取消对国有企业工资奖金的上限，使国有企业管理层可能不断扩张工资奖金的份额，逐渐侵蚀属于全国人民的利润。这实际上是一种放大了的内部人控制，即国有企业管理层作为一个利益集团的内部人控制。

第三，在传统国企中，土地和矿产等国有的自然资源一直被默认免费使用。在 20 世纪 90 年代初，中国的经济发展还没有走到加速城市化的阶段，中国的经济规模还没有显著影响自然资源的供需关系，土地价格和自然资源价格都处于低位，对这些生产要素的市场化改革，尤其是让国有企业有偿使用这些资源的改革也就没有提到议事日程。

在另一方面，虽然土地价值的概念已经逐渐被承认，但只被限定在一些特定情况下，如《国有企业改革中划拨土地使用权管理暂行规定》（国家土地管理局，1998 年）提出的“国有企业实行公司制改造、组建企业集团、股份合作制改组、租赁经营和出售、兼并、合并、破产等改革，涉及的划拨土地使用权管理”的情况下适用，而在国有企业没有发生上述变化的情况下，土地仍然被免费使用。

虽然对自然资源也在表面上征收了资源使用费（如石油约每吨 24 元至 30 元），但远远低于其市场租金水平（石油按价格的 10% 左右征收矿区使用费，约每吨 300 元至 400 元）。这一部分自然资源租金成为后来国企管理层巨大的利益空间。

总体来看，到了 20 世纪 90 年代初，学术界、政府和整个社会似乎把告一段落的国企改革误认为是改革完成了，它原来存在的问题已经解决，而没有意识到其固有的问题一个也没有解决。而在另一方面，为了解决当时的国企困难的问题，急于在短时间内见到成效（所谓“三年解困”），而对国企管理层作了过多让步，而没有建立起在长期看均衡的企业制度。

十几年的国有企业改革实际上证明，放权让利取向的改革是失败的。这是因为，管理层不能用一般的统一的“让利”来激励，而要对其真正的绩效进行相应奖励，对其失误进行相应的惩罚才能达到激励效果。这恰恰是用一个本身也是代理人的政府部门去管理众多的企业所做不到的。只是在相当长时间里，人们认为管理层的激励不足是因为让利不够，所以最后将“让利”进行到底了。

因而，在90年代初，国有企业的制度实际上处于一种委托人几乎完全放弃了对管理层进行控制和监管的内容，为日后内部人控制作为一个群体的国有企业提供了制度环境。

三　国有企业扭曲制度环境下的管理层利益集团

我们假定国有企业管理层就是追求自己利益最大化的经济人，在上述的制度环境下，他们的行为就会合乎逻辑地朝最有利于他们自己的方向偏离。

国有企业作为一个企业，有各种方式可以实现利润最大化。然而，简而言之，主要有两种方法。一种是市场竞争，一种是利用公权力获得对自己有利的法律、政策和监管措施。对于国有企业来说，由于其产权制度和治理结构存在着根本性的缺陷，在市场竞争方面不具优势，所以就更倾向于借用公权力。

还应注意，国有企业的管理层与国有企业本身的利益也不相同。如果真存在着追求自身利润最大化的国有企业，也存在着一个追求自身利益最大化的国有企业管理层，其利益区别于国有企业的所有者。这一管理层除了通过增大国有企业利润，为所有者作出贡献的方式来增大自己的利益外，还可通过与所有者讨价还价，在管理过程中侵占所有者利益，在与其他要素所有者的交易中获得有利于自己的价格等方式，增大自己的利益。

因而，国有企业管理层事实上是一个有着共同特殊利益的集团。由于他们弱于市场竞争，而强于利用公权力，所以他们的收入较少是由市场分配的，而较多是由政治结构决定的。由政治过程决定的分配往往是零和博弈，一个利益集团收入的增加就是另一个利益集团收入的减少。因而在政治结构中的利益集团之间的利害冲突更为明确和紧张。

与国有企业管理层有利害冲突的其他利益集团包括四部分：一部分是因国有企业管理层利用公权力获得市场垄断权而产生的冲突，这直接损害了国有企业的竞争者和产品的消费者；一部分是国有企业管理层利用公权力无偿占有公有自然资源和其他生产要素，或在定价时获得低价优惠，这直接损害了国有自然资源的所有者即全体人民，也损害了集体所有的自然资源和生产要素的所有者即农村集体；一部分是国有企业管理层不向国有企业所有者上缴利润或上缴很少的利润，这直接损害了国有企业的所有者即全体人民；一部分是国有企业管理层少交税赋，这直接损害了政府的利益，而根据中国的国家性质，政府是由人民委托实行公共治理的，所以少交税赋也就损害了全体人民的利益。由于在理论上，国有企业的所有者，公有自然资源和生产要素的所有者和国家都是由政府行政部门代理，所以后三个部分的利害冲突表现为国有企业管理层与行政部门的互动，但由于行政部门也是代理者，所以就可能出现行政部门并不维护委托人的利益的情况。

21世纪以来，土地和其他自然资源的价格随稀缺程度的增长而大幅上涨（见以下三图），因不少中央国有企业处于垄断这些自然资源的地位，它们能因此获得巨额收益，就更唤醒了国有企业管理层作为一个自为的利益集团的意识。

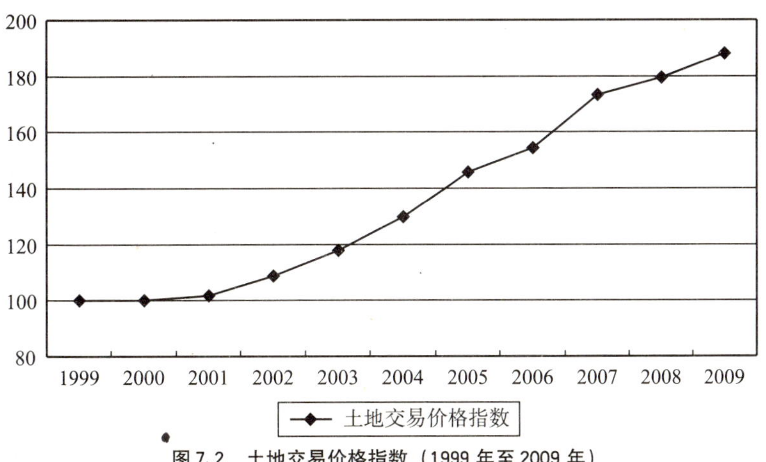

图7.2　土地交易价格指数（1999年至2009年）

数据来源：国家统计局网站

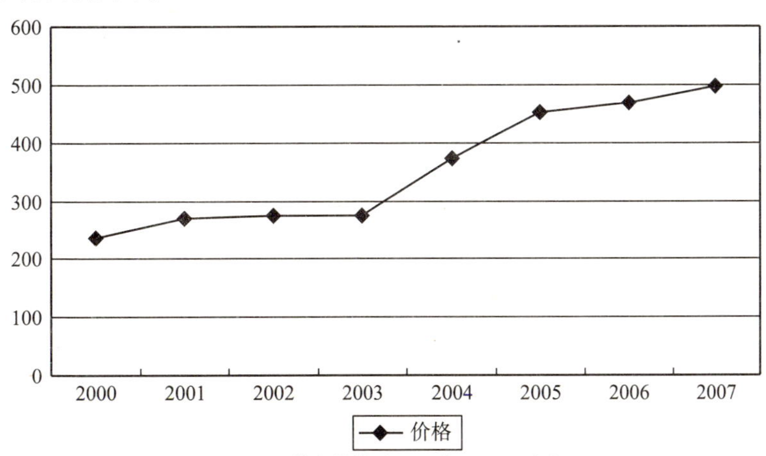

图7.3　煤炭价格（2000年至2007年）

资料来源：《中日能源信息交换月报》，中国煤炭报告（Barlow Jonker）。

注：秦皇岛煤炭离岸价格。

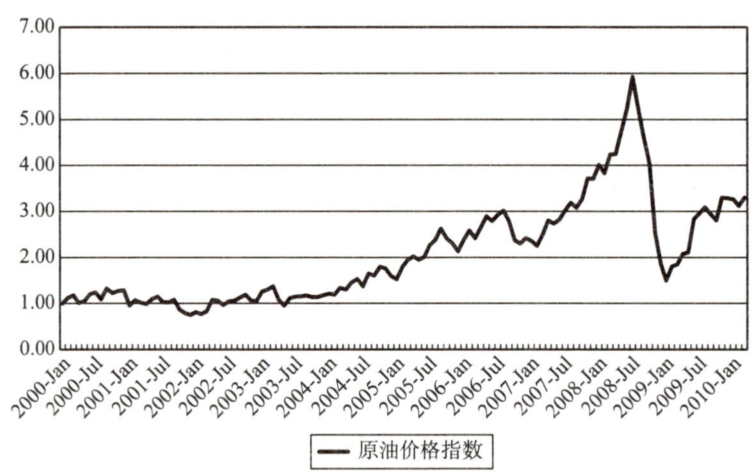

图 7.4　原油价格指数（2000 年至 2010 年 1 月）

数据来源：美国能源信息局网站（http：//www.eia.doe.gov/）.

在《关于深化国有企业内部人事、劳动、分配制度改革的意见》出台以后，国企管理层获得了“自主决定”工资水平的权利，他们就有可能利用现有国企在治理结构上的弱点，给自己和员工大涨工资。据周放生，在相当长的时间里，“国有独资和国家控股公司的董事会几乎全部都由企业内部人组成，相当多数的国企董事会与经理班子是一套人马两块牌子”。在这种治理结构下，很难约束管理层给自己涨工资资金的冲动。例如，虽然中海油有限公司对其董事长傅成玉年收入 1 200 万元作了“澄清”，称“高管层成员从 2001 年上市的第一天开始就把董事会批准的收入捐给了母公司”（陈其珏，2009），但一个不争的事实是，傅成玉本人就是该公司董事长，更加上其他三位与傅成玉一起共获得 3 390 万元高薪的执行董事（中国海洋石油有限公司，2009），在董事会中有着决定性的影响，并没有信息告诉我们，对他们“名义薪酬”的决定是董事会在他们回避的情况下作出的①。

第一，由于不缴或少缴国有资源租金会使名义利润增大，以与利润挂钩为名义的奖励就没有正确反映管理层的努力，因为 2000 年以来，土地、石油和煤炭等自然资源的租金都在大幅上涨，这些上涨的租金变成了名义利润上涨，这使管理层实际上侵占了自然资源租金的所有者——全国

---

① 中海油公司的“澄清”表明，他们并没有理解批评的真正含义，即不管是否“名义”，无论多少，最重要的要看是决策程序是否正当。这涉及：（1）主要高管是否该拿这些钱；（2）谁决定这些钱的用途；（3）捐给谁。傅成玉说：“我们的员工收入太低。所以我拿到以后，再捐给母公司，没有欺骗这一说。这是我个人的自由。”（《新京报》，2009）这已说明了问题。

人民的利益。这样一来，就使得国企管理层更注重在自然资源租金问题上向全国人民讨价还价。例如，中石油和中石化等垄断公司就在对抗按国际惯例上交矿区使用费①，在中央政府开征特别收益金后，仍然通过各种渠道提出调高特别收益金的起征点。

第二，由于1994年开始暂时免交利润，国企利润实际上被管理层支配。这一支配权也是管理层的巨大收益。首先是在职消费。据一项研究，国有企业高管在职消费的金额是其薪酬的10倍左右，见图4.7（陈冬华等，2005）。随着国企高管的薪酬不断提高，薪酬与在职消费之间的差额会缩小，但即使如此，国企高管的在职消费也相当惊人。除了高管个人的在职消费，还有他们作为一个集体的在职消费。一个典型例子是，中石化公司对被指装豪华吊灯时回应说，该吊灯只有156万元。

第三，是将利润投向非主营产业，如饭店、超市和其他房地产。据报道，央企拥有的酒店资产在千亿元以上。这不仅偏离了该企业原来的产业定位，而且并不重视这些投资的效率，更有甚者，利用这样的投资，将本来应上缴全国人民的利润、以至由投资形成的资产游离于监督的视野之外。一个最典型的例子，就是山东鲁能集团由山东电力集团的一个三产企业摇身变为职工持股的企业（李其谚、王晓冰，2007）。这意味着，这部分没有上缴的利润被国企管理层及员工实际占有了。这也是为什么在要求国企上缴利润的强大舆论压力下，财政部和国资委只提出上缴至多10%的原因。这背后能看到国企管理层讨价还价的影子。

最后是纳税。少缴税，就会有更多的税后利润。据一项有关上市公司的研究，2007年至2009年，上市公司中的国企的所得税负比率（缴纳所得税占利润的比率）为10%，明显比民企的24%低14%（《投资者报》，2010），因为我国的所得税率为25%，可以明显看出，上市国企平均10%的所得税率包含大量减免税的优惠。在这背后也能看出国企管理层的讨价还价。

四　国有企业管理者与官员的身份互换

在改革开放以前，国有企业主要是以政府行政部门的分支机构或附属机构形式存在，对企

---

① 据报道，“中国石油（601857）财务资产部人士称：‘资源税改革将带来企业成本的大幅增加。经过我们测算，按照2008年的油价水平，如果税率定为5%，中石油资源税将比原来增加六倍。在此情况下，原来的油田可能会陷入亏损。’”“中石油方面建议国家在出台资源税改革方案时，应取消特别收益金、矿产资源补偿费、矿区使用费、采矿权费、探矿权费等资源税费，建立起合理的资源税制，既兼顾统筹中央和地方利益，又考虑到企业的承受能力。”（《二十一世纪经济报道》，转引自《金银岛》（http：//www.jrdao.com/），2010）

业管理层的人事管理往往采取行政官员的模式进行，国有企业具有浓重的行政色彩。在这种行政管理体制下，国有企业管理者与行政官员的身份在本质上并无差别，具有一定的行政级别，并且国有企业管理者的行政级别与企业的行政级别是一一对应的。因此，国有企业管理者与行政官员的身份互换，完全是党和政府的组织系统内部极为正常的人事调动。在国有企业改革中，按照“政企分离”的要求国有企业已成为完全独立的法人实体，国有企业的行政级别被逐一取消，国有企业管理者的身份也与行政官员完全脱离。但是，制度上的规定并不等于现实当中就能消除“政企不分”，事实上，国有企业管理者与官员身份的互换以一些新的形式出现，并且反映出不同的利益机制。

国有企业管理者与政府行政官员原本属于同一行政序列，改革虽然在很大程度上中断了原有的政企关系，但是基于主管部门和国有企业之间的“业务指导”关系隐约存在，特别是改革之前已经形成的人际关系不可能轻易消除。正因为国有企业管理者与行政官员实际上是同一群体，他们同在一个晋升系列之中，拥有共同的目标利益，所以互换位置、交叉任职就不足为怪了。通过对国家部委官员的履历统计发现，在 19 个部委的 183 名副部级以上官员当中，具有国有企业工作经历的就有 56 人，比重达到 30.6%。例如，工业和信息化部的部级官员中，有一半有过在国有企业从事管理工作的经历；在商务部也有近一半的部级官员担任过国有企业的管理人员；交通运输部也有近四成的部级官员做过国有企业管理人员。

另一方面，在国有企业的治理结构中，具有政府工作背景的前官员占有很大的比例。通过对 123 家中央企业的高管履历统计发现，在有信息披露的 47 家企业当中，一共有 115 名高管具有政府工作背景，平均每家企业达到 2.45 人。例如，在国电公司的 9 名高管人员当中，有 7 人曾经在政府行政部门任过职；在中国石油股份公司的 14 名董事会成员当中，有 8 人曾经在政府部门任过职；在中国石化股份公司的 15 名董事会成员当中，有 7 人曾经在政府部门任过职；在中国移动股份公司的 14 名董事会成员当中，有 7 人曾经在政府部门任过职。根据最近的一项研究分析，“在 A 股上市的国有企业当中，有 1 142 名企业高管人员曾经是政府官员，占到高管总数的近 50%”（周俊，2010）。

五 国有企业管理层的“院内活动”

国有企业管理层利用公权力扩张自己利益的核心，就是如何获得公权力的支持。实际上，“利用公权力”是任何一个有理性的企业管理层都要采用的方法。只要一个社会的政治结构是健康的，在法律框架下，企业管理层可以通过正当程序获得公权力的支持。如在美国，企业到国会去游说是合法的，国会通过正当程序通过一个法案是合法的，尽管该法案可能会对某个（些）企业有利。

当然，对美国利益集团游说国会的“院外活动”也有很多批评。如奥尔森指出，由于利益集团的利益只是社会利益的一小部分，利益集团通过游说获得有利于自己的法案通过可能会损害全社会的利益。然而，这究竟是在美国现有宪政框架下的问题，其本身并无非法之嫌。需要改进的是美国的宪政框架。

而在中国，由于政治结构不同，企业获得公权力支持的方式不同。依照美国“院外活动”的说法，我们将中国的类似行为称为“院内活动”，即企业管理层无须游说立法机关，只需游说行政部门即可。因为行政部门较立法机关有更少的透明度，以及存在着国有企业管理层与行政部门官员之间的特殊关系，所以将之称为“院内活动”。

国有企业管理层如何可能进行“院内活动”，又何以非常成功，是和国企管理者与官员的身份互换分不开的：第一，国有企业管理层与行政部门官员之间的距离非常短，他们之间甚至就是老同事、老上级或老部下的关系。这使得他们之间的合谋非常容易。第二，由于行政部门的官员在不确定的未来有可能到国有企业去任职，他们就有动力为国有企业提供更优惠的政策。这便影响了政策的公正性。实际上，在越走越窄的行政晋升阶梯中，国有企业管理层是安排大多数不能继续晋升的官员的好去处。在这里，管理层很高的工资奖金可能弥补不能继续升官的缺憾。

这种交叉任职和身份互换的制度使得这些国有企业管理层人员与行政部门官员之间有着比较熟识的个人关系，便利他们的政策游说活动，使国有企业管理层与相关行政部门的合谋成为可能。虽然我们很难从外部知道这些合谋是怎样达成的，但从结果上可以推断这些合谋是存在的。据一项分析，在 A 股上市公司中，剔除央企，其高管中有超过 3 名前官员的 134 家企业中，“过去三年的综合营业税金率只有 2.5%，远远低于 3.2% 的 A 股公司平均水平”（周俊，2010）。

六　我国政府部门的宪政缺陷：“部门立法”

在一个具有健康的宪政框架的社会中，一个企业的管理层若要获得产业垄断权，或者在与资源所有者、资产所有者和国家的讨价还价中获得优惠的条件，就要通过向立法机关的游说，经立法机关的立法实现。然而在我国，实际的立法过程存在着严重的宪政缺陷。

长期以来，我国的行政部门就有着争夺权力的弊端。前水利部长钱正英就曾轻描淡写地回忆，他们为了争夺部门权力，而放弃对基本原则的坚持。近些年来，由于缺乏对行政部门行为的宪政约束，部门利益更为突显，为部门争权夺利的行为更为公开，越来越反映在“部门立法”的行为之上（参见杨帆，2010，第261—262页）。

首先是，行政部门名义上有制定法律的实施条例、政策的权力，也有发布所谓行政意见的权力。但是虽然《立法法》规定了立法事项的范围，由于没有明确细致的限定，这些行政部门制定的条例、政策和意见往往超出了法律规定的范围，直接介入到基本制度层面。例如，《立法法》第八条第八款规定，“基本经济制度以及财政、税收、海关、金融和外贸的基本制度”是立法范围内的事情。关于重要产业的垄断权的授予，按低于市场价格的价格获得自然资源开采权，不按市场规则免于支付土地租金，减免国有企业的上缴利润的义务，减免企业缴纳税赋的义务，国有企业在减免上缴利润的同时自主制定管理层和员的工资资金的权利，等等，都属于对基本经济制度即市场制度基本原则的变更，但都被法律效力层级很低的行政部门的条例、政策和意见越权加以规定了。

例如，授予中石油、中石化和中海油等公司垄断权的《关于清理整顿小炼油厂和规范原油成品油流通秩序的意见》（1999年，38号文）只是国务院办公厅与几个部委联合制定的一个行政文件；豁免国有企业的利润上缴义务的《关于实行分税制财政管理体制的决定》也只是国务院的一个行政决定；授予国企管理层“自主决定”工资水平的《在关于深化国有企业内部人事、劳动、分配制度改革的意见》（2001年）也只是国家经贸委的一个文件。

即使在制定相关部门或产业的法律时，法律草案的起草者一般都是相关的行政部门。他们在起草时可能将有利于部门利益以及相关的企业利益的条款加进去。而在人民代表大会或人大常委会审议时，往往因为代表或委员缺少不同利益集团（如消费者或竞争者）的代表性和相关的专业知识，而通过了某一有着重大缺陷、倾向于行政部门利益或相关国有企业的法律。如在1992年正式施行的《烟草专卖法》规定由国家统一垄断烟草行业，其目的是为了增加国家财政收入。但事实证明，我国烟草企业向国家缴纳的税赋只占利润的40%左右，远低于一些不实行烟草专卖国家75%的税赋比率（详见分报告之四“国有企业相关政策的演变”）。又如《邮政法》第五十五条规定，“快递企业不得经营由邮政企业专营的信件寄递业务”直接排除了竞争。

在正式法律颁布以后，其实施细则往往由相关行政部门制定。在这一过程中，也有可能将某些有利于国有企业的条款放进去。《邮政法》修改草案中原有规定“同城快递五十克以下、异地快递一百克以下由邮政专营”，只是由于遭到强烈反对，才没有出现在最终文本中。但这一规定很有可能出现在以后的有关条例中。

由于在我国，越是表现为一般原则的法律越不能实施。而行政部门可以从自己的部门利益出发，有选择地执行法律、法规或政策，这就使得下位法的权威性往往高于上位法的权威性。这使部门“立”的法反而比上位法更能通行于社会。行政部门的这种执行能力使得“部门立法”权力变得更为全面和完整。这是导致国企管理层利益集团可以利用公权力推进“国进”的宪政层次的原因。

第十章　重新界定下的国有企业的深化改革

一　对国有企业改革的反思与评论

改革开放以来，我国的国有企业改革大致经历了“放权让利”、“承包制”、“建立现代企业制度”等阶段。这种微观主体的改革，从某个侧面体现了从计划经济向市场经济的转变。在计划经济体制下，原有的“国营企业”只是政府计划的接受者和执行者，单个国营企业事实上充当了全国大工厂中的某个生产车间而已。而政府则直接控制了生产、交换、分配乃至消费。简言之，在计划经济体制下，政府的主要职能是通过计划的制定和实施“为公众而生产”。

社会主义市场经济体制这一改革目标的确立，很大程度上更改了不同经济主体的“游戏规则”。国有企业（包括国有独资、国有控股和国有参股等形式）已经获得了独立法人的资格。这从根本上保证了国有企业——作为一个利益主体，可在所有经济领域内存在、发展和获利。此外，还赋予国有企业的管理者在市场经济中作为一般经营者所拥有的决策和运营的权利。而政府则从原有的计划制定者转变为国有企业的出资人，由此享有法定的股东权利。这样，随着国有企业进一步被界定为“国家出资企业”，政府的重要职能之一也就由“为公众而生产”变成了“为公众而赚钱”①。这类政府具有明显的商务化倾向，它可被刻画为“收入型政府”，即通过对社会资源（国有资产、生产要素、稀缺资源和公共权力等）的控制和运用，实现财政收入的最大化。

迄今为止，我国国有企业改革的实质是国有资产的资本化，即通过对国有资产的经营而获取利润。因此，当国有资产不断显现资本的属性，政府也就逐渐成为人格化或机构化的资本。

① “关系国民经济命脉和国家安全的大型国家出资企业，重要基础设施和重要自然资源等领域的国家出资企业，由国务院代表国家履行出资人职责；其他的国家出资企业，由地方人民政府代表国家履行出资人职责”（《中华人民共和国企业国有资产法》，2008）。

从这种意义上讲，政府和私商并无本质的区别，也要求将国有企业“做大做强”。当国有企业所在的行业存在较为激烈的竞争，使其亏损并背上沉重的财政负担时，政府就会断然选择国有企业的退出；相反，当国有企业所在的行业具有垄断的结构性条件，政府反而会通过制度性进入壁垒的设置，在市场性垄断的基础上加设行政性垄断，从而为其攫取超额利润。这就是“抓大放小”的实质所在。更为重要的是，政府的赚钱动机与它所拥有的公权力相结合，就会促使政府通过法律、规章甚至行政手段控制诸如土地、矿产和金融等稀缺资源，从而为国有企业或直接为自己牟取利益。这就合理地解释了为什么我国在上世纪 90 年代出现大规模的“国退民进”之后，近来又发生了结构性的“国进民退”现象。

这样，随着国有资产的资本化，政府便具有公共品提供者（一般性政府）与机构化资本（营利性政府）的双重性质。这种政府的双重性质，也可通过国有企业的目标函数和行为方式而得以体现。其一，国有企业一方面作为国有资本运营的载体或平台，以独立法人的资格与形态，要在市场上实现利润最大化的目标。这符合企业的一般性质。而另一方面，国有企业在某些场合下，又不同程度地被赋予诸如就业、社会稳定、宏观调控、执政基础和国家安全等公共目标。其二，国有企业的管理者作为资产的经营者，与一般的代理人并无区别；而同时作为政府目标的实施者又实属政府序列，并可在企业家和官员的不同身份之间相互转换。其三，国有企业（管理者）在市场经营中，会强调其所赋予的公共性，通过“院内活动”等取得某种特殊的条件和优势，从而牟取不正当利益；而当真要践行其公共目标时，又会主张其经营主体的法定权利，使得利益向企业乃至经营者自身倾斜。

政府是由各级官员组成的，国有企业也需要具体的人来管理与经营。因此，政府通过国有资产的运营而赚钱的目标要由具体的、活生生的人去完成。这样，政府与国有企业这一针对国有资产（治理）的委托—代理关系，就会变成复杂多样的人际关系。在信息不对称的情况下，势必出现打着“为公众（国家）赚钱”的旗号，事实上结成包括国有企业的管理者和部分政府行政官员在内的、运用国有资产主要为自身牟利的利益集团。这种利益集团的形成，不仅会使“为公众赚钱”的愿望付之东流，而且以其凭借公权力、掌控社会重要资源而在相当程度上构成了官僚资本主义或权贵资本主义的社会经济特征。

由于国有企业存在过多的委托—代理环节和过长的代理链条，其低效率性质并不会因其所在行业的竞争性的不同而发生根本的改变。尽管近年来眩目的账面数据成为某些集团宣传国有企业所谓高效率的“广告栏”，但在这种名义绩效的表象下，通过对账面利润中应缴纳的资源租与地租、低估的融资成本、政府补贴和行政性垄断利润的扣除，以及对企业成本的还原，国有企业的真实绩效要远远低于市场的平均水平。因此，国有企业的改制——只要它还保留着国有企业的本质"基因"而没有发生真正意义上的退出，除少数情况外，即使在改制之后绩效有所提高，但与民营企业相比仍然处于劣势地位。重要的是，国有企业的这种低效率的固有特征以及它在基础性或资源性领域的盘踞与扩张，使得我国宏观经济的运行依然存在着较大的"脆性"，即从边际上看，取得单位经济增长所需支付的通货膨胀代价相对较高。

诚然，国有资产资本化这一改革取向的选择——作为市场化改革的重要内容，尤其在我国经济转型的初期，不仅具有逻辑的必然性，而且具有很大的历史进步性。将原有（计划经济时期）的生产性国有资产转变为经营性的国有资本，从与市场机制的不相容转变为相容，委实推动了市场机制的逐步形成和市场体系的不断发育，因而有力地促进了以民营企业为代表的市场经济的全面发展。而国有资本（或国有企业）从竞争性领域的大量退出，也为民营经济的成长提供了丰富的生产要素和相应的市场空间，从而改善了国民经济的结构与效率，实现了我国经济长期、稳定和高速的增长。然而，随着我国市场经济的建立，以国有资产资本化为特征的国有企业改革，其历史使命将告终结。理由在于，国有企业不仅具有相对的低效性，而且更为关键的是，国有资本在营利性领域（即私人品领域，包括竞争行业与垄断行业）的继续存在，已对并必将对我国经济发展的动力——竞争的充分性与公平性——以及社会正义构成严重的威胁和损害。

因此，以国有资产资本化为特征的改革阶段的结束，并不意味着国有企业改革的最终完成。恰恰相反，这只是改革新的历史起点。而后的改革更为关键，难度更甚，意义更大。那么，应当如何深化国有企业的改革呢？

二　国有企业的近期改革方案

国有企业的近期改革方案，应当围绕打破国有企业的行政垄断、规范国有企业的行为这两个重要方面而设计。其意义在于，促进不同经济主体充分、公平地展开经济竞争，从而更好地实现我国的社会正义，提高经济效率。

（一）打破行政垄断

1. 清理行政规定，规范政府行为

事实上，我国存在着严重的"行政立法"或"部门立法"现象。在实际的行使过程中，行政部门出台的各种规定、办法、条例和指导意见等，其实际效力往往要高于由人民代表大会通过的法律。由于部门立法中不可避免地夹杂着部门自身的利益和意志，这些规定很容易包含行政垄断的内容。而行政垄断恰恰是损害我国不同经济主体之间展开充分、公平竞争的首要因素。

其实，有关竞争与垄断的制度，应当属于基本经济制度。根据《立法法》，“基本经济制度以及财政、税收、海关、金融和外贸的基本制度”属于立法范围，行政部门是无权制定或更改的，哪怕是国务院，也没有这个权力。因此，涉及竞争和垄断这一重要的制度，必须通过最高权力机构（人民代表大会）的立法或修法才可加以确定。这是程序正义的要求。同理，即便是有益于反垄断的《关于鼓励和引导民间投资健康发展的若干意见》（新三十六条，2010 年）中所含的条款，也应采用由人大立法的法律形式。否则，就会陷于行政部门机会主义所致的经济无序之中。有鉴于此，必须对这些行政规定进行清理，并对政府部门的行为予以规范。

2. 审查现行法律，作出适当修正，包括但不限于以下各项：

• 根据本研究报告，烟草行业并不具备行政垄断的充足理由，因此要通过正当程序废止《烟草专卖法》（1992 年）。

• 应当对《邮政法》（2009 年 4 月）作出修正，例如删除第五十五“快递企业不得经营由邮政企业专营的信件寄递业务，不得寄递国家机关公文”的内容。

• 最严重的问题是行政垄断。而现行的《反垄断法》（2007 年）不仅忽视了这个问题，还对行政垄断提供保护。《反垄断法》第七条——“国有经济占控制地位的关系国民经济命脉和国家安全的行业以及依法实行专营专卖的行业，国家对其经营者的合法经营活动予以保护，并对经营者的经营行为及其商品和服务的价格依法实施监管和调控，维护消费者利益，促进技术进步。”——显然使？第八条——“行政机关和法律、法规授权的具有管理公共事务职能的组织不得滥用行政权力，排除、限制竞争。”——形同虚设。

3. 破除行政壁垒，加强公平竞争

• 改变“国有企业做大做强”的口号，取而代之为“让国有企业公平地参与市场竞争”。

• 可以收缩国有企业的经营范围，也可以对国有资产进行必要的整合。但摈弃如下政策内容：国有经济对关系国家安全和国民经济命脉的重要行业和关键领域保持绝对控制力，包括军工、电网电力、石油石化、电信、煤炭、民航、航运等七大行业。国有经济对基础性和支柱产业领域的重要骨干企业保持较强控制力，包括装备制造、汽车、电子信息、建筑、钢铁、有色金属、化工、勘察设计、科技等九大行业。

所谓国有经济的控制力，就是国有经济的垄断势力；所谓绝对控制力实为完全的行政垄断。而完全的国有行政垄断，注定了民营经济与这些行业无涉。

• 打破行政壁垒应当是无条件的，而不是要“引导民营经济或民间资本进入”。“引导”就是规定民间资本只能在那些特定的没有多大油水的环节存在。例如：《关于鼓励和引导民间投资健康发展的若干意见》（新三十六条）第八条——“鼓励民间资本参与石油天然气建设。支持民间资本进入油气勘探开发领域，与国有石油企业合作开展油气勘探开发。支持民间资本参股建设原油、天然气、成品油的储运和管道输送设施及网络。”为什么不鼓励民间资本进入炼油和销售环节呢？难道“管道输送设施”的安全性问题，就不比销售环节更加重要吗？

（二）规范国有企业行为

1. 改善国有企业的治理结构

● 在国有企业董事会和监事会中，加大社会贤达的比例。这有利于制约内部人控制问题，使公众的利益得到一定的保证。为此，应当对《公司法》（2005 年）和《中华人民共和国企业国有资产法》（2008 年）作出相应的修正。（例如，《中华人民共和国企业国有资产法》第三条可修改为：“国有资产属于国家所有即全民所有。在现阶段，经全国人民代表大会授权，主要由国务院代表国家行使国有资产所有权。”第四条可修改为：“关系国民经济命脉和国家安全的大型国家出资企业，重要基础设施和重要自然资源等领域的国家出资企业，主要由国务院代表国家履行出资人职责；其他的国家出资企业，主要由地方人民政府代表国家履行出资人职责。”这也可改善国资委的决策者构成。）

● 应当对担任企业管理层（如总经理、CEO、副总经理等）的董事比例予以限定，以抑制内部人控制。

● 通过法律限制官员或退休官员担任国有企业管理者或董事会成员。

● 在国有企业中设立专家委员会，提高决策的科学性和经济性。

2. 完善国有企业的分配制度

● 应当根据企业收入来源的不同，国有企业分别以租、税、利三种形式将收入上缴国家，以保证出资人的权益，并真实反映企业的成本。租和税的上缴是无条件的，而利润上缴的比例则由出资人决定。为此，应对《土地管理法》和《中华人民共和国企业国有资产法》作出修正。

● 国有企业上缴的租和利（与税收一样）应当同注入的国有资产，一并纳入国家预算。

● 尽管国资委新近出台了针对央企的新的工资管理制度——“工资总额预算管理”，对央企工资实行“双控制”，即工资总量的控制和人均工资的控制，而且发布了《中央企业负责人经营业绩考核暂行办法》（2009 年），首次将“经济增加值”与央企高管薪酬挂钩，但是将未经处理的名义绩效作为考核的依据，则仍有很大的缺陷。在经济绩效方面，应当以真实的投资净收益率作为考核的主要依据。

3. 加强对国有企业的监管

• 无论上市与否，国有企业都应加大透明度，还应提高强制性信息披露的力度。这是加强公共监管的重要条件。

• 国资委应当代表公众的利益，在顺应发展及改革趋势的前提下，加强对国有企业的监管。监管的重点应当是国有企业的行为是否符合公平竞争的要求，管理者是否遵循了国家的法律，企业的经营是否满足了公众的愿望（显然，只靠成品油提价而获取利润的企业，公众是不会满意的）。

• 加强公众和传媒的监督。

以上国有企业的近期改革方案，应当力争在3年至5年内完成。

三　国有企业的终极改革目标

（一）目标的设定及含义

国有企业的终极改革目标有两个：其一，将国有企业转变为非营利性公法企业；其二，建立国有资产的宪政治理架构。

1. 国有企业作为非营利性的公法（公共）企业

国有企业将不以营利为目标，而以公共利益为目标。这就限定了国有企业存在的范围与边界，也给定了国有企业作为公法企业的性质。它的创设、管理、运营和退出等必须在特定的法律程序下、在公共的监管下进行。国有企业的管理者也失去了资本经营者的职能，而完全成为公共利益的实现者。如果某国有企业有特殊理由需要进入营利性领域（或营利性领域中存在），就必须经过最高权力机构（人民代表大会）的审议与批准。

2. 国有资产治理的宪政架构

国有资产归公众所有。因此，人民代表大会（而非行政部门）理应代表公众行使国有资产的所有权。届时，国有资产的治理属于公共治理的范畴。人大既要制定国有资产治理的相关法律、规范公法企业创设、扩张和退出等行为、批准国有企业的预算等，还要责成国有资产监管机构合法、有效履行公法企业监管者的职能。这样，国有资产的治理就存在人大、国有资产监管机构和公法企业这三个治理主体所形成的架构。

为此，需要实现：

1. 由收入型政府转变为服务型政府

国有企业的深化改革离不开政府的转型。具体说来，就是将收入型政府转化为服务型政府。在目标的追求上，收入型政府强调 GDP 增速和财政收入的最大化，而服务型政府则更看重公众福祉的增进；在经济发展的途径上，收入型政府往往采取控制或垄断社会资源的方式，直接成为经济活动的主体，而服务型政府则更加注重软、硬环境的改善和公共品的提供，以此促进社会经济的发展。因此，这种转型的实质就是必须改变现有政府的双重性，去掉（或淡化）政府的机构化资本的特性（即去资本化），将其塑造成以提供公共品而非赚钱为己任、以实现社会福利最大化而非财政收入最大化为目标的为人民服务的政府。

2. 国有资本（国有企业）从营利性领域退出

若要去掉政府的机构化资本的特性，并将国有企业转变为非营利性公法企业，就必须实现国有资本从营利性领域退出。换言之，从原则上讲，政府将不必拥有经营性的国有资产。显然，原有的“国有企业从竞争性领域退出”的目标建立在国有资产资本化的基础之上，尽管它在客观上有利于我国的经济发展，但也为国有企业垄断行业中的存在以及行政垄断地位的获取而张目。而“国有企业从营利性领域退出”，则从根本上否定了国有资产的资本属性以及国有企业的市场垄断与行政垄断的正当性，为实现充分而又公平的竞争创造条件。

3. 国资委作为公法企业的监管者

在国有资产资本化的情形下，现有的国资委既履行出资人的职能（委任企业管理者，直接持股等），又赋予国有企业监管者的使命，即存在着“管”、“干”不分的现象。将来，国资委只充当公法企业的监管者，使国有企业能够合法、有效地运营。

（二）国有企业（国有资本）从营利性领域逐步退出的具体安排

1. 退出的前提与时机

- 在公平竞争的条件下，国有企业逐步退出营利性领域。
- 退出的时机，要选择在行政壁垒被打破、民营经济在行业中具有相当规模之后。

2. 退出的方式

- 可以通过股权转让的方式有步骤地实现国有资本的退出。因此，国有资本的退出，并不必然意味着企业实体的消亡。
- 可将国有股权划拨给社保基金等，并将普通股转变为优先股。这虽使拥有者丧失了经营决策权，却保证了收益的安全性与稳定性（与中国近代的官利制度类似）。同时，给公众带来极大的利益。

• 国有股权可以转让给民营企业和公众，但对外国企业和外国自然人的转让应当作出严格的限定。

• 原则上不允许政府投资于营利性领域，以免与民争利。也可避免国有资本一边退出而一边进入的情形发生。可对《企业国有资产法》进行修正，补充政府投资的条件、范围和限定等条款，或另行通过《政府投资法》。其要点应包括：政府每项投资（不仅是投资总额）必须得到人大的审议与批准。

3. 退出的辅助措施

• 根据企业的真实绩效，对经营者给予股权激励，使管理层的企业家才能得到正确评价，并使部分优秀的企业家在国有资本退出后还能继续从事企业管理工作。

• 法律保证下岗职工的正当权益。

• 大幅提高政府官员的薪酬，以减轻改革的阻力。

国有企业（国有资本）从营利性领域逐步退出，应当在5年至10年内完成。

（三） 建立国有资产治理的宪政架构的具体安排

• 宪政原则

• 一般政府原则：政府不以营利为目标，不得从事营利性活动。

• 非经营性原则：国有资产均属非经营性的。

• 公共性原则：国有企业属于公法企业，国有资产的管理归属公共治理。

• 特例原则：民间资本进入所有营利性领域，无须任何理由；国有资本进入营利性领域须向立法机关（人民代表大会）陈述理由。

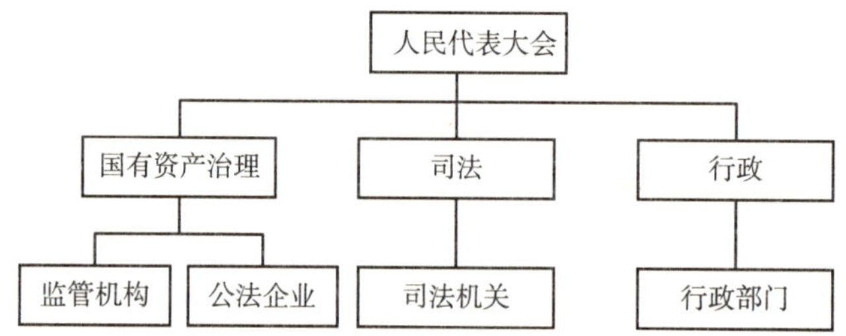

建立国有资产的宪政治理架构的措施，应当在10年至15年内完成。

可以看出，以上国有企业深化改革的方略，基本沿着先改变行政规定、后修正法律、最后修改宪法的步骤而展开，这有助于协调改革与稳定之间的关系。

此外，本部分内容虽未明确涉及改革的动力学问题，但我们深信：对于改革取向和方案的发布与认同，会对历史的演进起到它应有的作用。否则，将陷于知识无用的历史虚无主义的泥淖之中。

参考文献

[1]《北京商报》，2009，“社科院报告指信贷资金入市3佐证数额或近2万亿”，8月5日。

[2]《投资者报》，2010，“上市公司税负榜：民企高出国企14个百分点”，4月6日。

[3]《投资者报》，2010，“上市公司税负榜公布平均税负民企24%国企10%”，4月6日。

[4]《新京报》，2009，“傅成玉：我收入太低独立董事投资者会不放心”，4月20日。

[5]《中国国土资源报》，2009，“从山西煤炭整合看民营矿业发展空间”，12月4日。

[6]《中国经济周刊》，2009，“专家称1.16万亿信贷资金流入股市”，7月6日。

[7]《中国经济时报》，2009，“国进民退五定位”，11月25日。

[8]《中国证券报》，2010，“今年新房销售额有望达4.5万亿占同期GDP逾13%”，12月29日。

[9]《中国证券报》，2010，“地方政府负债达7.2万亿多个地方卖地还贷”，3月17日。

[10] 陈冬华、陈信元、万华林，2005，“国有企业中的薪酬管制与在职消费”，《经济研究》，第2期。

[11] 陈新民，2003，“新创‘行政法人’制度——行政组织精简的万灵丹?”，财团法人国家政策研究。

[12] 陈志武，2010，“经济自由度决定劳动收入增长”，《南方都市报》，7月19日。

[13] 基金会，http：//www.npf.org.tw/PUBLICATION/CL/092/CL－R－092－010.htm，浏览日期：2010年7月3日。

[14] 陈颖源，1994，“企业改革·法人·财产所有权”，《经济研究》，第3期。

[15] 戴园晨、黎汉明，1988，“工资侵蚀利润——中国经济体制改革中的潜在危险”，《经济研究》，第6期。

[16] 戴园晨、徐亚平，1993，“蒋一苇的“三论”与中国的企业改革”，《经济管理》，第1期。

[17] 董保城，2007，“台湾行政组织变革之发展与法制面之挑战”，载于台湾行政法学会主编：《国家赔偿与征收补偿/公共任务与行政组织》，元照出版公司。

[18] 董辅礽、唐宗焜，1992，《中国国有企业改革：制度与效率》，中国计划出版社。

[19] 董辅礽、唐宗焜、杜海燕，1995，《中国国有企业制度变革研究》，人民出版社。

[20] 杜海燕，1987，“承包制——国有企业体制改革的初始选择”，《经济研究》，第 9 期。

[21] 樊纲，1989，“改革、调整、增长与摩擦性通货膨胀”，《经济研究》，第 1 期。

[22] 冯鹏程、刘磊进，2010，“国企高管薪酬的症结在公司治理”，《管理观察》，第 5 期。

[23] 弗里德曼·米尔顿，2011《价格理论》，华夏出版社。

[24] 高明华，2010，《中国上市公司高管薪酬指数报告》，经济科学出版社。

[25] 郭克莎，1995，“国有产权制度改革的模式和途径”，《经济研究》，第 1 期。

[26] 国家税务总局，2004，《关于中国石油化工集团公司土地租金收入征收营业税问题的通知》，国家税务总局网站，10 月 14 日。

[27] 国务院，2000，《关于切实做好企业离退休人员基本养老金按时足额发放和国有企业下岗职工基本生活保障工作的通知》，5 月 18 日。

[28] 国有资产管理局课题组，1993，“关于理顺产权关系与建立新型国有资产管理体制的若干问题”，《经济研究》，第 12 期。

[29] 国资委财务监督与考核评价局，2010A，“中央企业 2009 年度分户国有资产运营情况”，国资委网站，8 月 20 日。

[30] 国资委财务监督与考核评价局，2010B，“中央企业 2009 年度分行业运行情况”，国资委网站，9 月 19 日。

[31] 胡一帆、宋敏、张俊喜，2006，“中国国有企业民营化绩效研究”，《经济研究》，第 7 期。

[32] 黄速建，1994，“现代企业制度建设中的若干问题”，《经济研究》，第 10 期。

[33] 黄速建，1999，“国有企业的主动式改革”，《红旗文稿》，第 22 期。

[34] 黄速建，2008，“国有企业改革的实践演进与经验分析”，《经济与管理研究》，第 10 期。

[35] 金碚，2010，“论国有企业改革再定位”，《中国工业经济》，第 4 期。

[36] 李其谚、王晓冰，2007，“谁的鲁能”，《财经》，第 1 期。

[37] 厉以宁，1996，《转轨发展理论》，冶金工业出版社。

[38] 林毅夫、蔡昉、李周，1997，“充分信息与国企改革”，《中国经济信息》，第 12 期。

[39] 刘秉镰、林坦、刘玉海，2010，“规模和所有权视角下的中国钢铁企业动态效率研究——基于 Malmquist 指数”，《中国软科学》，第 1 期。

［40］刘诗白，1996，“有关国有企业深化改革的若干问题”，《经济研究》，第 12 期。

［41］刘世锦，1995，“中国国有企业的性质与改革逻辑”，《经济研究》，第 4 期。

［42］刘小玄、李利英，2005，“企业产权变革的效率分析”，《中国社会科学》，第 2 期。

［43］刘小玄、吴延兵，2009，“企业生产率增长及来源：创新还是需求拉动”，《经济研究》，第 7 期。

［44］刘小玄、周晓艳，2011，“金融资源与实体经济之间配置关系的检验——兼论经济结构失衡的原因”，《金融研究》，第 2 期。

［45］刘燕斌、李明甫，2009，“不同国家和地区企业高管薪酬水平及管理机制”，《中国劳动》，第 4 期。

［46］钱颖一，1995，“企业的治理结构改革和融资结构改革”，《经济研究》，第 1 期。

［47］钱正英，2000，“解放思想，实事求是，迎接 21 世纪对水利的挑战”，1999 年 9 月 24 日在水利部机关欢庆新中国成立 50 周年大会上的讲话；《钱正英水利文选》，水利水电出版社。

［48］全国土地利用总体规划修编工作委员会，2008，“控制城镇工矿用地过快扩张的原因和手段”，《中国国土资源报》，11 月 26 日。

［49］任鹏宇，2010，“垄断‘造就’央企高税负”，《投资者报》，4 月 19 日。

［50］盛洪，“盐铁论二千年前‘国进民退’大辩论”，《南方都市报》，1 月 10 日。

［51］世界银行，2005，《国有企业分红：分多少？分给谁?》。

［52］世界银行，2010，《有效约束、充分自主——中国国有企业分红政策进一步改革的方向》。

［53］宋晓梧，2009，“加快发展方式转变和结构调整，提高可持续发展能力”，人民网，7 月 14 日。

［54］唐宗焜、董辅礽，1988，《中国企业改革的理论和实践》，江西人民出版社。

［55］唐宗焜、韩朝华、王红领，1997，《国有企业产权交易行为分析》，经济科学出版社。

［56］天则经济研究所，2008，《煤炭成本、价格形成及其外部成本内部化》。

［57］天则经济研究所课题组，2010，《中国经济的市场竞争状况：评估及政策建议》。

［58］汪平，2010，《基于价值管理的国有企业分红制度研究》，经济管理出版社。

［59］王名扬，1988，《法国行政法》，中国政法大学出版社。

［60］——，1955，《美国行政法》，中国法制出版社。

［61］王小鲁，2010，“灰色收入与国民收入分配状况”，《比较》，总第 48 辑。

［62］翁岳生，2000，《行政法》，中国法制出版社。

[63] 吴庚，2005，《行政法之理论与实用（增订八版）》，中国人民大学出版社。

[64] 吴家骏，1996，“现代企业制度与企业法人财产权”，《经济研究》，第 2 期。

[65] 新华社，2008，“中央企业 2008 年国有资本经营预算支出 547.8 亿元”，11 月 26 日。

[66] 新华网，2009，“中央企业 2009 年国有资本经营预算支出 873.6 亿元”，12 月 31 日。

[67] 徐连仲，2006，“居民涨价感受缘何加剧”，《瞭望》，第 37 期。

[68] 杨帆等，2010，《利益集团》，郑州大学出版社。

[69] 杨涛，2008，“从中石化又获补贴看制度缺陷”，《经济导刊》，第 4 期。

[70] 姚洋，1998，“非国有经济成分对我国工业企业技术效率的影响”，《经济研究》，第 12 期。

[71] 张东生，2008，《中国居民收入分配年度报告（2007）》，中国财政经济出版社。

[72] 张军扩，1994，“关于国有企业改革的几点思考”，《经济研究》，第 10 期。

[73] 张世平，2010，“坚持社会公平正义保障职工收入分配权益”，3 月 9 日。

[74] 张曙光，张弛，天则经济研究所《2009 年第三季度宏观经济报告》。

[75] 张维迎，1996，“国有企业改革出路何在?”《经济社会体制比较》，第 1 期。

[76] 张艺、安蓓，2009，“民营油企遭遇经营困境山东地方炼油厂开工率不足 15%”，新华网，4 月 24 日。

[77] 郑京海、胡鞍钢，2004，“中国改革时期省际生产率增长变化的实证分析”，《经济学（季刊）》，第 2 期。

[78] 郑京海、刘小玄、Arne Bigsten，2002，《1980—1994 期间中国国有企业的效率、技术进步和最佳实践》，《经济学（季刊）》，第 3 期。

[79] 植草益，1992，《微观规制经济学》，中国发展出版社。

[80] 中国海洋石油有限公司，2009，《中国海洋石油有限公司二零零八年年报》。

[81]《宏观经济周报》，2010，中国国际金融有限公司第 111 期，5 月 17 日。

[82] 周放生，“国企董事会构成：从内部人转向出资人”，《捷盟咨询》（http：//www.approachina.com/guanlizhiku/haoxhutuijian/05－2204.asp）。

[83] 周俊，“亏了政府发补助”，《投资者报》，6 月 15 日。

[84] 周俊，2010，“上市公司中的官员”，《投资者报》，7 月 5 日。

[85] 周叔莲，2008，“国有企业改革三十年的回顾与思考”，《改革发展》，第 12 期。

[86] 邹东涛，2003，《中国经济体制创新——改革年华的探索（上、下）》，人民出版社。

[87] C. Herman Pritchett，1946，“The Government Corporation Control Act of 1945”，*The*

American Political Science Review, 40 (3)

[88] Giovanni Ferri, Li - Gang Liu, 2009, "Honor Thy Creditors Beforan Thy Shareholders: Are the Profits of Chinese State - Owned Enterprises Real?".

[89] Jefferson , Gary , Thomas Rawski , Wang Li , and Zheng Yuxin , 2000 , "Ownership , Productivity Change , and Financial Performance in Chinese Industry", *Journal of Comparative Economics* , December , 28 (4): 786 -813.

[90] Lebron v. National Railroad Passenger Corporation , 513 U. S. 374, 379 (1995).

[91] Hong Kong Institute for Monetary Research, 2009, "Honor Thy Creditors Beforan Thy Shareholders: Are the Profits of Chinese State - Owned Enterprises Real?", Working Paper, No. 16/2009.

The Nature, Performance, and Reform of the State - owned Enterprises

the Unirule Institute of Economics

Abstract: The state - owned and state - holding industrial enterprises made a total profit of 5846. 2 billion yuan from 2001 to 2009, with the total book profit of 2009 increased by 3. 89 times over that of 2001. The total net profit amounted to 4051. 7 billion yuan, with the total book net profit of 2009 increased by 4. 37 times over that of 2001.

The total profit of central enterprises reached 1 341. 5 billion yuan in 2010, accounting for 67. 5% of the total profit of state - owned enterprises. The profits of ten enterprises occupied 70% of all net profits made by central enterprises in 2009, namely, China National Petroleum Corporation, China Mobile Limited, China Telecommunications Corporation, China United Network Communications Group Co. , Ltd. , China Petroleum & Chemical Corporation. Hereinto, China National Petroleum Corporation and China Mobile Limited made a profit of 128. 56 billion yuan and 148. 47 billion yuan respectively, the total of which exceeds one third of the total profit made by central enterprises. It can be seen that profits of central enterprises were mainly realized by monopoly enterprises.

From 2001 to 2009, the average return on equity of state - owned and state - holding industrial enterprises was 8. 16% , while that of industrial enterprises above designated size was 12. 9%. In 2009, that of the former is 8. 18% , while that of the latter is 15. 59%. Therefore, the nominal performance of state - owned and state - holding enterprises was not high enough.

Even the performance of state - owned enterprises is not their real performance, but one after enjoying various preferential policies and under such a management environment which is unfair to non - stated - owned enterprises. The unfairness is mainly embodied in fiscal subsidy by the government, financing cost, and land and resource rent, and so on.

If we compute the industrial land rent at 3% of the price of the industrial land, state - owned and state - holding industrial enterprises should pay a total rent of 3 931. 2 billion yuan from 2001 to 2009, accounting for 67. 2% of the total nominal profits made by state - owned and state - holding enterprises. Only in 2008, the state - owned enterprises should pay 1 210. 4 billion yuan rent for the land if we add the land for commercial and service use into the whole amount.

The real interest rate for state - owned and state - holding enterprises is 1. 6% , while that market interest rate is 4. 68%. If we recount the interests which should paid by state - owned and state - holding industrial enterprises with the market interest rate, the total interest difference will be 2296. 7 billion yuan from 2001 to 2008, accounting for 47% of the total nominal profits made by state - owned and state - holding enterprises.

The resource tax of oil is average only 26 yuan per ton. The resource compensation fee is merely 1% of sales revenue. Therefore, the real royalty of oil in China is less than 2% of its price, far below the ratio of 12. 5% which is imposed on the capital venture in China. Even collection proportion for special oil gain levy below 40 dollars is too low to fully realize interests of resource owners. From 2001 to 2009, the state - owned and state - holding industrial enterprises lack to pay 243. 7 billion yuan of the oil royalty. Together with those of coal and natural gas, the state - owned and state - holding industrial enterprises lack to pay 497. 7 billion yuan of royalty of resources. .

From 1994 to 2006, the state fiscal subsidy for the losses of state - owned enterprises accumulated to 365. 3 billion yuan. According to incomplete data, from 2007 to 2009, the state - owned and state - holding industrial enterprises received fiscal subsidy is about 194. 3 billion yuan.

The real performance of state - owned enterprises can be estimated through deducting those costs without paid but should be paid and governmental subsidies, together achieving about 7491. 4 billion yuans, from nominal profit of the state - owned enterprises. According to our estimation, the average real return on equity of state - owned and state - holding enterprises from 2001 to 2009 is -6. 29%.

In 2008, the average staff wage of state - owned enterprises was 17 % higher than that of other organizations, their average labor income is 63% higher than that of private enterprises and 36% higher than that of non - state - owned enterprises. There is a big difference between the industries. 2008, the average income per year of employees in monopolistic industries reached 128. 5 thousand yuan, which is about 7 times as that of the employees in the whole country. The ratio of the state - owned enterprises in 5 industries with highest income is highest, while that in 5 industries with lowest income is lowest.

According to regulations of existing housing provident fund system, the housing provident fund deposit ratio paid and deposited by staff themselves as well as that paid and deposited by units should be no less than 5% of the staff's average monthly salary of the previous year, and no more than 12% in principle. A large number of state - owned enterprises and institutions of monopoly industries, however, raise this ratio to 20%. China Netcom Operations Limited once accrued 4. 142 billion yuan at total amount as lump - sum cash housing allowance. State - owned enterprises also conduct residential building construction with raised funds on gratis land from free allocation by the state. In addition, some enterprises purchase commercial residential buildings and sell them to their own staff and workers at low price.

From 2007 to 2009, the average tax burden of 992 state - owned enterprises was 10%, while that of private enterprises was as high as 24%.

State - owned enterprises did not turn over any profits from 1994 to 2007. In 2009, only 6% of state - owned enterprises' profits were turned over, and the rest was all distributed within enterprises. In 2010, it decreases to 2.2%. Moreover, dividend turnover by central enterprises mainly transfers within the central enterprise system. Their significance in benefiting the common people has not been embodied yet.

Structural "Guo Jin Min Tui" phenomenon currently exists in our country. In terms of capital, the proportion of state - owned enterprises in electric power, steam, and hot water production and supply industries rose from 85.8% in 2005 to 88.2% in 2008. In terms of gross industrial output value, the proportion of state - owned enterprises in electric power, steam, and hot water production and supply industries increased from 90.5% in 2005 to 98.9% in 2008.

The quantitive analysis with the term, market power, on the monopolistic levels of industries shows that colored metal smelting and pressing industry, tobacco industry, oil processing industry, coking industry, nuclear fuel industry, and electric machinery industry, and so on, the monopolistic level in 2007 is higher than that in 2002. These industries are overlapped very much with those with higher ratio of the state - owned enterprises.

A resume survey of officials of ministries and commissions under the State Council shows that among 183 officials above vice ministerial level of 19 ministries and commissions, 56 people have working experiences in state - owned enterprises, the proportion for which is as high as 30.6%. In addition, a resume survey of senior executives of 123 central enterprises shows that 115 senior administrators of 47 enterprises with information disclosure have government working background, that is, each enterprise has an average of 2.45 people with such background. Therefore, identity exchange exists between management staff of state - owned enterprises and government officials.

Enterprise senior executives enter the government for policies and resources, while governmental officials enter enterprises to materialize their economic profits earned while in the position.

Administrative departments have rights to formulate regulations on the implementation of laws, instruction opinions, and departmental regulations, i. e. In other words, administrative legislation exists. Enterprise management needs to lobby the administrative departments instead of the legislature. In other words, there are "lobbying within the house."

State – owned enterprises should have a rather clear boundary that they are suitable for production of public goods and quasi public goods in which market mechanism could not be brought into full play. Products which are purchased solely by governments or which should be stringently controlled during production progress should be supplied by state – owned enterprises, while other products should be supplied by private economy. The condition for existence of state – owned enterprises is when they supply public goods and the financing stage and can not be separated from the production stage.

The state – owned enterprise is a public organization different from ordinary governments or enterprises, whose aim is to realize public good of society rather than to make profits.

The nature of China's current state – owned enterprise reform is capitalization of state – owned assets, that is, making profits through management of state – owned assets. Therefore, the government gradually turns into personalized or institutionalized capital when state – owned assets constantly show the attributes of capital.

As the main content of China's market – oriented reform, the reform orientation choice of state – owned assets capitalization had both logical inevitability and historical progressiveness especially at the primary stage of China's economic transition. However, with the establishment of market economy in our country, the historical mission of state – owned enterprise reform characterized by state – owned assets capitalization is about to come to an end.

We should design the short – term reform plan for state – owned enterprises based on two major objectives, namely, breaking the administrative monopoly by state – owned enterprises, and regulating state – owned enterprises' behaviors. The significance lies in that this will promote different economic main bodies to carry out adequate and fair economic competition, thus better realizing social justice and improving economic efficiency.

State – owned enterprise reform has two ultimate goals. The first goal is to change state – owned enterprises into non – profit public law enterprises, and the second one is to build up the constitutional governance framework for state – owned assets.

To realize the ultimate goal of reform, state – owned enterprises have to gradually retreat from the profit – making fields (rather than merely the competitive fields).

转轨过程中的国有企业"放权—收权"机制分析

◎ 管建强*

摘　要：中国的经济改革一直朝市场化方向前进，解除行政控制是最关键步骤之一。然而在转轨过程中，当旧体制开始瓦解，新体制尚未建立时，经济秩序的混乱便随之而来，回归旧体制就极易成为治理整顿的方便之举。本文再现了国有企业改革过程中的"放乱收死"现象，并从行为选择的角度进行了模型化分析。历史的重要性在于它有借鉴意义，国有企业当下赖以生存的行政垄断事实上是一种改头换面的行政控制，经济改革要继续，就必须破除它们。

关键词：国企改革；经济转轨；放权—收权

一　国有企业改革过程回顾

20 世纪 50 年代，中国政府通过没收、赎买与合作等方式，对帝国主义、官僚资本主义、民族资本主义的工商业进行了"社会主义改造"，从而建立起新中国最早的国有企业。此后，随着"国家工业化"战略的全面实施，国有企业的规模迅速扩大，最终成为国民经济的支柱力量。改革开放以前，这些传统的国有企业主要是以政府部门分支机构或附属机构的形式存在，实行高度集中的计划管理，企业日常运转在很大程度上依靠行政命令推动。在这种"社会化大工厂"的经营模式下，企业经理仅仅是上级政府或主管部门生产计划的具体执行者，其经营决策必须遵从党委的领导；企业在人事、财务、生产、物资、收入分配等各方面几乎没有自主权，企业经理和职工不必为经营的结果负责，其自身的利害关系也与经营的结果没有太大的关系。国有企业传统的运行体制造就了"企业吃国家大锅饭"、"职工吃企业大锅饭"的结果，企业效率极其低下，国家财政赤字连年增加。到 1977 年前后，国有企业的传统运行体制已经发展到不得不改革的地步。

---

* 管建强，中国社会科学院研究生院经济系经济学博士研究生。Email：guanjianqiang@ 126. com，通信地址：北京市朝阳区西坝河北里 19 号楼 1303 室（100028）。作者感谢澳门科技大学行政与管理学院的赵世勇博士对本文提出的富有价值的意见，同时也感谢匿名审稿人提出的宝贵意见，但文责自负。

在计划经济体制向市场经济体制转轨的过程中，国有企业按照改革的核心内容特征可以划分为以下三个阶段：以“放权让利”为主要特征的改革阶段（1978—1986 年），改革措施主要包括“扩大企业自主权”、“利改税”以及“租赁制”等；以“两权分离”为主要特征的改革阶段（1987—1992 年），改革措施主要包括“承包制”、“资产经营责任制”等；以“建立现代企业制度”为主要特征的改革阶段（1993 年至今），改革措施主要包括“股份制”、“国有企业战略性改组”以及“建立国有资产管理体制”等。

以“放权让利”为主要特征的国有企业改革是在不打破计划经济体制框架的前提下进行的改革，即通过向企业下放部分经营权与收益权来达到调动企业职工工作积极性、提高企业产出以保证财政收入增长的目的。在该阶段，把国有企业改造成为责、权、利统一的商品经济生产主体的思想已在理论界成为共识，蒋一苇的“三论”（“企业本位论”、“职工主体论”和“经济民主论”）是当时最为著名的理论思想之一。“三论”认为，“我国的经济体制改革，应从企业缺少自主权的现实出发，使企业成为自主经营与发展的、具有独立性的社会主义基本经济实体”（戴园晨、徐亚平，1993）。“放权让利”通过加大奖金发放力度的刺激，改变了过去政府对国有企业管得过死的局面，广大职工开始关心并设法提高企业的经济效益，国有经济初步表现出搞活的迹象。但是，“放权让利”改革并没有改变原有的政企关系，政府依然处于主导地位，可以根据经济形势与政治的需要，决定继续下放权利还是收回权利。因此，对于政府和企业而言，各种以“放权让利”为特征的改革都表现为一种短期行为，“放权—收权”的循环不断地上演。

以“两权分离”为主要特征的改革相对于“放权让利”改革而言有一个大的突破，是国有企业改革向现代企业制度转轨的一个过渡阶段，其实践活动渐渐触及到了经济体制改革的主体部分。由于在一定程度上认识到了所有权与经营权不分所带来的种种弊病，“两权分离”改革试图在不改变原有企业财产关系形式的前提下，把企业经营的经济责任落实在经营者头上，通过加强刺激来提高企业的经济效益，使企业成为自主经营、自负盈亏的商品生产者和经营者。1988 年 2 月，国务院颁布了《全民所有制工业企业承包经营责任制暂行条例》，将“两权分离”改革的代表性形式——“承包制”确定为当时城市经济改革的主流。虽然“承包制”以合同等法律形式实现了在一段时期内所有权与经营权的分离，为企业的自主经营创造了条件，从而搞活了企业，但“承包制”本身并没有改变传统的行政依附型企业体制（杜海燕，1992）。以“承包制”为典型代表的“两权分离”改革没能从根本上改变原有的政企关系：一方面，政府对企业的干预仍然普遍存在，尤其是当企业经营业绩不佳或“工资侵蚀利润”问题变得严重时，政府倾向于收回企业的经营权；另一方面，在企业经营由于管得过死而缺乏活力、国家财政收入出现下滑趋势时，政府又不得不下放权力。因此，“两权分离”改革只能继续在“放权—收权”的循环中蹒跚前行。

以“建立现代企业制度”为主要特征的改革逐渐从“被动式改革”转变为“主动式改革”，并且进入到核心领域——产权改革。在经历了“放权让利”和“两权分离”改革之后，虽然国有企业的效率意识得到了普遍的提高，但国有企业的生存压力不仅没有改善，反而大大增加了，因为民营企业与外资企业的迅速崛起给国有企业带来了巨大的挑战，国有企业的社会性负担也成为一个重要的拖累。国有企业长期缺乏竞争力的现状使得中央财政无法负担国有企业的亏损，因而“放弃”部分产权就成为国有企业改革的重要出路，股份制改革作为最典型的一种形式逐渐成为主流。虽然在形式上国有企业通过股份制改革可以解决政资不分从而政企不分的问题，也可以避免政府部门对企业的直接干预，保证企业自主经营，但是政府部门作为国有企业的控股股东，其所有者地位必须通过各种方式体现出来，所以“翻牌公司”并不能解决国有企业所面临的问题。1995 年 9 月，十四届五中全会提出了“国有企业实施战略性改组，抓大放小”；到十五届四中全会，中央则提出了“在战略上调整国有经济布局和改组国有企业”。由于长期积累的问题未得到解决，当整体搞活国有企业的要求被提出来时，整个国有企业体系已经处于“1/3 明亏、1/3 潜亏”的困境当中。直到 2003 年国资委体制成立以后，随着国有企业全面向基础性领域、垄断领域等收缩战线，国有企业才从整体上扭转了长期亏损的局面。虽然国有企业的生存压力得到了缓解，但这在很大程度上是通过行政垄断力量将高成本转嫁给民营企业与外资企业、将高价格强加给消费者的方式实现的，政企关系的本质特征并没有发生改变，只是表现形式不同罢了。

在接下来的第二部分，本文将主要围绕国有企业改革前两个阶段（1978—1994 年）中的“放权—收权”政企关系问题进行分析；第三部分将利用博弈论对这一时期的“放权—收权”进行简单的模型化，并将其结果运用到对现行国有企业运行体制的分析当中；最后一部分是本文的一个结论。

二　转轨过程中的“放权—收权”政策

在中国经济转轨的前半阶段，国有企业主要面临活力不足的问题，改革主要围绕如何提高企业活力展开，即“放权”；在后半阶段，国有企业面对民营企业和外资企业的挑战无法展开有效的竞争，加上中央财政无法继续负担巨额的亏损（王红领、李稻葵，2001），改革主要是围绕“抓大放小”展开，即重点扶持大型企业的同时对中小企业进行民营化改制。国有企业的

“放权”改革过程由于相关的法律法规尚不健全，以行政控制为主要约束手段的监管方式最终只能沦落到“一放就活、一活就乱、一乱就收、一收就死”的怪圈当中。

在国有企业改革的整个过程中，法律法规的完善过程始终没有停止。据统计，在1979—1994年期间，由国务院发布或批转的经济方面的法律法规性文件将近有1 000件，其中直接涉及企业问题的大约有150件；在1995—2003年期间，由国务院及其他部委专门针对企业问题所颁发的法律法规性文件大约有100件。虽然国有企业改革政策的总体走向是放活企业，但实际的法律法规在很大程度上是以“规范管理”的名义收回已经下放的权利。由于大部分政策的制定只是在原有计划体制框架内进行的，因此，尽管与企业有关的法律法规性文件大量颁布，企业经营者仍然感觉到国家规定应该给企业的权利没有到位。在1978—1994年期间的经济转轨过程中，国有企业改革的“放权—收权”政策取向基本上每2—3年就要转变一次。政策取向的每一次转变都是在一定的经济背景下发生，并以重要的法律法规性文件颁发为标志，表1整理了该期间国有企业改革政策的制定背景与转向特征等基本信息。

表1 1978—1994年期间国有企业改革政策制定的背景与转向特征

年份	政策取向	政策背景	法律法规
1978	放权	“我国传统经济管理体制的一个严重缺点是权力过于集中，对企业管得过多、过死，应该有领导地下放，让地方和工农业企业在国家统一计划的指导下有更多的经营管理自主权”已成为共识。	第十一次全国代表大会和第五届全国人民代表大会颁发了《中共中央关于加快工业发展若干问题的决定（草案摘要）》；开始实施“简政放权、减税让利”政策。
1979	放权	规范迅速推开的扩大企业自主权试点。	国务院发布《关于扩大国营工业企业经营管理自主权的若干规定》以及《关于国营企业利润留成的规定》等五个文件。
1980	放权/收权	经贸委确定五方面工作，按照现代化建设要求搞好企业整顿：调整好领导班子，建立严格的责任制度，普遍实行厂内经济核算制，开展全员培训工作，改进奖励制度。	国务院批转国家经委、财政部《关于国营工业企业利润留成试行办法》的通知；国家经济委员会《工业企业全面质量管理暂行办法》。
1981	收权	企业的积极性虽被调动起来，但其盈亏并不能完全反映经营效果，企业通过投资扩张过多占取经营收益；1979—1980年，我国财政赤字创历史，物价指数高。	国务院批转国家经委、国务院体改办等共同制定《关于实行工业生产经济责任制若干问题的意见》和《暂行规定》。
1982	收权	在1980—1981年对国营工业企业初步整顿的基础上，从1982年起国家对全国工业企业进行全面整顿。	中共中央、国务院作出《关于国营工业企业进行全面整顿的决定》，从1982年起对所有国营工业企业进行全面整顿。

续表

年份	政策取向	政策背景	法律法规
1983	放权	放权让利和经济责任制给企业带来了生机和活力，改善了财政状况，但同时还出现了“苦乐不均”、“鞭打快牛”情况。	国务院批转财政部《关于国营企业利改税试行办法》；财政部《关于国营企业征收所得税的暂行规定》。
1984	放权	在改革和发展的关系上，从以国民经济发展为重点转向了以经济体制改革为重点，从以农村改革为重点转向了以城市改革为重点；下半年，酝酿全面开展经济体制改革。	国务院发布《关于进一步扩大国营工业企业自主权的暂行规定》；十二届三中全会通过《中共中央关于经济体制改革的决定》；国务院决定“要给银行以信贷自主权，要使国营企业职工工资总额同本企业经济效益挂钩浮动”。
1985	收权	“超高速”增长在旧经济体制未根本改变、价格体系未理顺的情况下，使经济结构不合理状况更为严重。	国务院颁布《关于清理整顿公司的通知》。
1986	收权/放权	从7月份起经济开始降温，工业增长以较快的速度下降。受“滑坡”呼声压力和片面追求经济增长速度的思想影响，中央放松银根，重新扩大支出、刺激需求。“软着陆”尚未着陆又再度起飞。	中共中央、国务院颁发《全民所有制工业企业厂长工作条例》、《中国共产党全民所有制工业企业基层组织工作条例》和《全民所有制工业企业职工代表大会条例》，对国有企业领导体制全面改革。
1987	放权	全国六届人大五次会议第一次明确肯定了承包制，《政府报告》中提出：“今年改革的重点要放在完善企业经营机制上，根据所有权与经营权适当分离的原则，认真实行多种形式的承包经营责任制”。	国务院批转计委《关于大型工业联营企业在国家计划中实行单列的暂行规定》；财政部《关于国营企业用税后留利进行生产性投资增加的利润减征所得税问题的规定》；国家计委、体改委《关于深化改革、完善承包经营责任制的意见》。
1988	放权	规范企业承包经营责任制，规范小型工业企业的租赁经营。	国务院发布《全民所有制工业企业承包经营责任制暂行条例》，《全民所有制小型工业企业租赁经营暂行条例》。
1989	收权	经济社会产生了“过旺的社会需求，过快的工业发展速度，过多的信贷和货币投放，过高的物价涨幅和经济秩序混乱”；中央决定用三年或者更长一些时间，努力缓解社会总需求超过社会总供给的矛盾，逐渐减少通货膨胀，使国民经济基本转上持续稳定协调发展的轨道。	中共中央、国务院发出《关于进一步清理整顿公司的决定》；国务院发出《关于清理整顿各类对外经济贸易公司的通知》；国务院批转商业部等《关于进一步清理整顿各类商业批发公司、对外经济贸易公司、物资公司的意见》；国务院《关于清理检查“小金库”的通知》等。

续表

年份	政策取向	政策背景	法律法规
1990	收权	承包制弊端显现：承包合同看似平等，实则不平等；承包制导致企业短期行为，固化了现行体制，使企业产权界定变得更加模糊，利益冲突加剧，侵权行为更易发生。	国务院批转体改委《关于在治理整顿中深化企业改革强化企业管理意见》的通知；国务院《关于加强国有资产管理工作的通知》等。
1991	放权	以转换企业经营机制、搞活国营大中型企业为重点，改善企业的外部经营条件。	国务院发出《关于进一步增强国营大中型企业活力的通知》。
1992	放权	确立社会主义市场经济体制改革的目标，对转换企业经营机制的一些重点环节作出明确规定；在全国掀起以“破三铁”为中心的企业劳动、工资和人事制度改革。	国务院颁发《全民所有制工业企业转换经营机制条例》；劳动部等部门联合发出《关于深化企业劳动人事、工资分配、社会保险制度改革的意见》。
1993	收权	继续大力推进《全民所有制工业企业转换经营机制条例》的贯彻落实，加强对落实《条例》的执法监督检查。	实行《企业财务通则》和《企业会计准则》；劳动部、经贸委、体改委发布《全民所有制企业工资总额管理暂行规定》。
1994	放权	国有企业现代企业制度试点，国有资产和运营体制改革，继续扩大股份制改革试点。	十四届三中全会通过《中共中央关于建立社会主义市场经济体制若干问题的决议》；国家经贸委《关于转换国有企业经营机制，建立现代企业制度的若干意见的通知》。

表 1 提供的信息显示，在 1978—1994 年期间的政策取向中：明显是放权的年份有 9 个，明显是收权的年份有 6 个，既有放权又有收权的年份有 2 个，总体而言连续保持单一政策取向的年份不会超过 3 年。频繁的政策转向表明，国有企业改革确实是在“摸着石头过河”，由于在放权过程中缺乏必要的法制约束，行政控制就成为治理整顿的惯用手段。中国经济转轨的方向是市场化，其基本特征是以法制约束取代行政控制，逐渐放松管制。然而在这一过程中，法制建设的步伐明显跟不上经济形势的变化，加上国有企业改革的各类参与者都有趋利避害的特性，因此转轨道路并不平坦，改革出现反复，主管部门对国有企业的“放权—收权”循环也就难以避免了。

三　“放权—收权”的博弈模型推演

制度是由人们制定的规则，它抑制着人际交往中可能出现的任意行为和机会主义行为（柯武刚，史漫飞，2000），当制度发生缺失或失效时，社会秩序就会出现混乱。转轨经济中制度缺失或失效的情形时常发生，而回归旧体制往往成为矫正改革偏差的最简便之举，主管部门对国有企业的“放权—收权”就是行政控制与法制约束之间政策反复的典型表现。“放权—收权”在很大程度上是由主管部门与企业经营者的行为选择决定的，这些国有企业改革的主要参与者们出于趋利避害的人类本性，在特定条件下总是追求自身收益的最大化（或损失的最小化）。在接下来的内容中，我们将用一个简单的博弈模型来描述国有企业改革中的“放权—收权”现象，并试图应用到对现行国有企业运行体制的分析当中。这是一个典型的国有企业主管部门与经营者之间的委托代理行为选择问题，主管部门选择对国有企业是否采取干预行为，即“收权”与“放权”；经营者针对主管部门的行动，将采取相应的行为对策，即实施机会主义与不实施机会主义。

（一）模型的基本描述

在模型中，我们用 P 代表主管部门，用 M 代表企业经营者。主管部门 P 可以选择对企业经营者 M 下放权力（放权）或收紧权力（收权），下放权力可以看作是主管部门对企业采取的放松控制的行为，如下放一定数额规模的项目决策权、部分人事权以及发放奖金和福利的权利等；而收紧权力则可以看作是主管部门对企业采取的加强控制的行为，如加强行政审批、干预企业人事安排等。同样地，我们可以将企业经营者实施机会主义行为看作是滥用手中的自由处置权，不实施机会主义行为则是不滥用自由处置权。

在企业的经营过程中，由于企业的经营者可以通过各种手段操纵财务报表、隐藏关键信息、实施关联交易等，从而主管部门无法观察到企业真实的利润水平。同样地，虽然主管部门一直在强调要规范市场、下放企业的经营权以及不再干预企业经营等，但是企业经营者所接收到的信息并不明确，以至于不能明确判断主管部门是选择了“下放权力”还是选择了“收紧权力”。因此，这是一个两阶段不完全信息博弈模型：主管部门首先采取“下放权力”或“收紧权力”行动，然后企业经营者选择采取“滥用”或“不滥用”的行动。假定主管部门采用一个分成合约，先给企业经营者一个固定收入（基本工资）R_0，然后根据企业经营者的实际绩效（是否超额完成计划的收益任务）再用一个 β 的比例奖励经营者。在实际的计算中，基本工资与奖励部分的数学表达式将得到简化，但并不影响计算的结果。以下是对该模型的基本要素所作的进一步描述：

1. 参与人

主管部门（P），企业经营者（M）

2. 行动集

主管部门：“下放权力”与“收紧权力”

企业经营者：“滥用”与“不滥用”

3. 支付

情形1：主管部门选择“下放权力”行为将增加企业经营者的积极性，从而增加总产出，使得主管部门得到比较高的收益①：$\overline{R}_P = \overline{\overline{R}}_P(1-\beta)$，其中 $\overline{\overline{R}}_P$ 为企业在“下放权力”条件下真实收益超过计划收益的部分（即相对于计划收益的增量），β 为主管部门奖励给企业经营者的份额，或奖金提成比例。

情形2：“下放权力”将增加企业经营者的工作积极性，增加总产出，从而企业经营者得到比较高的合同收益：$\overline{R}_E = R_0 + \overline{\overline{R}}_P\beta$，其中 R_0 是企业经营者获得的基本工资。

情形3：主管部门选择“收紧权力”行为将降低企业经营者的积极性，从而减少总产出，使得主管部门得到比较低的收益：$\underline{R}_P = \underline{\underline{R}}_P(1-\beta)$。但是，由于主管部门选择“收紧权力”行为将比“下放权力”多获得一种收益，即控制权收益②，所以此时主管部门获得的总收益中还应包括控制权收益 R_G。其中$\underline{\underline{R}}_P$ 为企业在“收紧权力”条件下真实收益超过计划收益的部分，β 的含义同上。

情形4：“收紧权力”将降低企业经营者的工作积极性，减少总产出，从而企业经营者得到比较低的合同收益：$\underline{R}_E = R_0 + \underline{\underline{R}}_P\beta$。

4. 行动顺序

主管部门（P）先行动，企业经营者（M）后行动。

5. 假设

企业经营者滥用自由处置权时，能够将主管部门的一部分收益“攫为己有”。假设企业经营者从主管部门那里攫取到的收益份额为 $\alpha \in [0, 1]$。

企业经营者滥用自由处置权是需要付出一定成本的，这种成本既可以是经营者为此花费的时间成本，或者害怕被发现查处而担惊受怕产生的精神负担，也可以是为了隐藏信息、造假、甚至是贿赂所产生的经济成本。假设企业经营者滥用自由处置权的成本 $C \in (0, +\infty)$。

为分析的简便起见，假设对于主管部门来说，在“下放权力”与“收紧权力”行为之间进

---

① 很显然，主管部门所获得的收益不仅包括由更多的产品价值带来的经济收益，还应当包括更多就业、更为稳定和繁荣的社会状况等带来的政治收益，本文将这两种收益放在一起进行衡量。

② 主管部门对所管辖的企业实施更为严格的项目审批权、更加严格地干预企业的人事安排以及对企业的资金使用情况更加严格地控制，这些都将增加主管部门的控制权，从而给主管部门带来控制权收益。

行转换是不需要花费成本的。同样的，对于经营者来说，在“滥用”与“不滥用”行为之间进行转换也是不需要花费成本的。

另外，主管部门下放权力之后，极大地刺激了企业经营者的工作积极性，使得企业的总收益大于收紧权力时得到的全部收益，从而主管部门获得的总收益大于收紧权力时得到的总收益①，即：$\overline{R}_P > \underline{R}_P$。

表 2 是该博弈的支付矩阵。

表 2　主管部门与企业经营者博弈的支付矩阵

经营者

		滥用	不滥用
主管部门	下放权力	$\overline{R}_P(1-\alpha)$，$\overline{R}_E + \overline{R}_P\alpha - C$	$\overline{R}_P$，$\overline{R}_E$
	收紧权力	$\underline{R}_P(1-\alpha) + R_G$，$\underline{R}_E + \underline{R}_P\alpha - C$	$\underline{R}_P + R_G$，$\underline{R}_E$

6. 模型的求解

假设企业经营者认为主管部门将以 p 的概率选择“下放权力”，1 - p 的概率选择“收紧权力”；同时，主管部门认为企业经营者以 q 的概率选择滥用自由处置权，1 - q 的概率选择不滥用自由处置权。通过数学计算，得出该模型的解如表 3 所示（具体的数学推导过程请参考附录）。

表 3　博弈的均衡解

	$R_G > \Delta R$	$\Delta R(1-\alpha) < R_G < \Delta R$	$R_G < \Delta R(1-\alpha)$
$0 < C < \underline{R}_P\alpha$	$p=0$，$q=1$ （收紧权力，滥用）	$p \in (0,1)$，$q=1$ （收紧权力，滥用）	$p=1$，$q=1$ （下放权力，滥用）
$\underline{R}_P\alpha < C < \overline{R}_P\alpha$	$p=0$，$q \in (0,1)$ （收紧权力，不滥用）	$p \in (0,1)$，$q \in (0,1)$ （随机，随机）	$p=1$，$q \in (0,1)$ （下放权力，滥用）
$C > \overline{R}_P\alpha$	$p=0$，$q=0$ （收紧权力，不滥用）	$p \in (0,1)$，$q=0$ （下放权力，不滥用）	$p=1$，$q=0$ （下放权力，不滥用）

① 企业经营者在下放权力时增加的工作积极性不仅表现在增加的绝对工作投入量上，而且还表现在对工作的谨慎、负责上。相反，在主管部门严格收紧权力时，决策权有可能不在经营者手中，因此经营者也就不需要、事实上也无法真正对企业的经营结果负责，此时来自主管部门的低效或者错误的决策有可能大大降低总收益。

（二）均衡的解释

在这个模型里，均衡解的得出主要依赖于两个因素：一个是企业经营者滥用自由处置权的成本 C，另一个是主管部门采取“下放权力”行为相对于“收紧权力”行为所产生的收益的变化量。

从上面的分析中我们可以很容易地发现，当企业经营者滥用自由处置权的成本很低时（$0 < C < \underline{R}_P\alpha$），不管下放权力所带来的收益变化量是大还是小，企业经营者都将选择“滥用”权力（见表3第二行）。在这种情况下，主管部门如果只关注自身的财政收入而不考虑控制权收益变化所带来的影响的话，那么就会选择“下放权力”行为。在“放权让利”改革阶段，为了增加国有企业的经营活力，主管部门颁布了大量“下放权力”的法律法规，这些“放权”政策虽然能够在短期内刺激企业的活力，但由于没有一套有效的监督管理制度，即经营者滥用自由处置权的成本很低，所以就出现了混乱的局面。“一放就乱”的典型例子之一，便是发生在上世纪80年代的“工资侵蚀利润”现象。随着对企业实行减税让利的政策逐渐扩大，企业利润留成的数量越来越多，归企业支配使用的留利也不断增多。出于满足企业职工增加收入的要求及自身利益的需要，企业经营者使用原本用于企业发展的留利发放奖金的现象越来越普遍，在攀比效应下数额越来越大，最后直接冲击到国家对工资的宏观控制（戴元晨、黎汉明，1988）。

当经济层面的混乱程度突破了主管部门可接受的限度时，采取“收紧权力”以加强对企业的控制对于主管部门来说就是必要的。这时候改变策略将大大增加主管部门的控制权收益，因为此时的控制权收益已经大到足以超过企业效率改变所带来的收益增量，即 $R_G > \Delta R\ (1-\alpha)$ 或 $R_G > \Delta R$。加强对企业的控制意味着企业经营者滥用自由处置权的成本将上升。当这一成本上升到一定的水平之后，即 $C > \overline{R}_P\alpha$ 时，企业经营者将选择“不滥用”策略，即安分守己，因为此时滥用权力将得不偿失（见表3第四行）。

在“滥用”权力的成本很高（即 $C > \overline{R}_P\alpha$）的情形下，除非控制权收益足够高（$R_G > \Delta R$），否则主管部门的最优选择是“下放权力”，以期得到高收益。但是由于两方面的原因，这种结果是无法实现的。首先，在给定不能“滥用”权力的前提条件下，企业经营者将减少在经营上所付出的努力（即便是努力工作的成本很低），从而使得总收益达不到下放权力时所能达到的水平。控制权与剩余索取权的不对应导致了激励不相容问题，对企业经营者的激励是不足的。其次，下放权力与加强监督在一定条件下又是互相矛盾的。下放权力意味着给企业经营者更多的经营自主权，而经营自主权的增加必然导致监督更加困难，因为在监督效率不变的条件下经营自主权的增加将使得信息不对称的程度加大，企业经营者“滥用”权力的成本也就降下来了。如果主管部门以加强监督为首要职责，那么下放权力将是一纸空谈。在“放权让利”改革的过程中，许多权力被各级主管部门“截留”就反映了这种现象，企业并不能真正获得这些权力。在这种状况下，企业经营者增加收益的积极性由此而消失殆尽，企业重新回到低效率的状态之中。因而，在监督效率不高的条件下，主管部门想通过在加强监督的同时下放权力，以增加自身的收益是无法做到的，而企业只能在“放乱”与“收死”之间来回摇摆。

在另一方面，主管部门的行为和企业经营者也有相似之处。当主管部门非常看重控制权收益时，即 $R_G > \Delta R$ 时，“收紧权力”行为将是主管部门的首选（见表 3 第二列）；而当主管部门将主要注意力从控制权收益转移到经济收益上来时，即 $R_G < \Delta R(1-\alpha)$ 时，“下放权力”行为将普遍受到偏爱（见表 3 第四列）。

企业经营者滥用权力的成本很低或者很高、主管部门的控制权收益很高或者很低这些情形只是出现在改革的特殊时点上，而不高不低的中间状态则更为常见。这种常见的情形在表 3 中所反映出来的解的结果就是，当 $\underline{R}_P\alpha < C < \overline{R}_P\alpha$ 且 $\Delta R(1-\alpha) < R_G < \Delta R$ 时，有 $p \in (0, 1)$，$q \in (0, 1)$，此时没有唯一的均衡解，博弈双方都是随机地选择各自的行为，或根据对方的选择决定自己的行动。假设主管部门首先选择“下放权力”，那么经营者选择“滥用”与“不滥用”所带来的收益差是：$\overline{R}_E + \overline{R}_P\alpha - C - \overline{R}_E = \overline{R}_P\alpha - C > 0$，所以经营者将选择“滥用”。给定经营者选定“滥用”行为，那么主管部门选择“下放权力”与“收紧权力”所带来的最终收益差是：$\overline{R}_P(1-\alpha) - \underline{R}_P(1-\alpha) - R_G = \Delta R(1-\alpha) - R_G < 0$，所以主管部门将选择“收紧权力”。接下来再假定主管部门已经选定“收紧权力”，那么经营者选择“滥用”与“不滥用”所带来的收益差是：$\underline{R}_E + \underline{R}_P\alpha - C - \underline{R}_E = \underline{R}_P\alpha - C < 0$，所以经营者将选择“不滥用”。如果经营者真的选择“不滥用”，那么主管部门选择“下放权力”将是对自己有利的，因为选择“下放权力”与选择“收紧权力”所带来的收益差是：$\overline{R}_P - \underline{R}_P - R_G = \Delta R - R_G > 0$。

所以，当 $\underline{R}_P\alpha < C < \overline{R}_P\alpha$ 且 $\Delta R(1-\alpha) < R_G < \Delta R$ 时，主管部门与经营者都没有占优策略供选择，其各自的行为选择只能依赖于对方。参与博弈的任何一方一旦选择了自身的行动，对方都会以此作为起点进行应对，而随着博弈一次次进行下去，博弈双方的行为选择也将循环往复地展开，这也就是国有企业改革过程中曾经出现过的“一放就活、一活就乱、一乱就收、一收就死”的怪圈。这种现象用一个图形来表示就是：

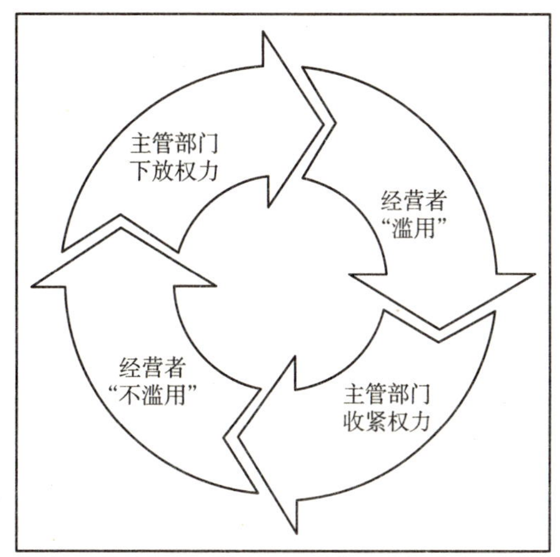

图1　“滥用”成本与控制权收益均适中时双方的行为选择

（三）对当下国有企业运行体制的借鉴

总体来看，对国有企业的“放权—收权”实际上是一个逐渐放松行政控制的过程，并且这一过程从未离开过政府部门的主导。政府部门通过接二连三地颁布各种政策法规影响着改革的进程，而且在很大程度上决定了国有企业改革的方向。无论是十一届三中全会对改革开放基本国策的确立，还是十四大对社会主义市场经济体制的确立，无论是十五届四中全会对国有经济战略性调整的决定，还是十六大对改革国有资产管理体制的重新阐释，与之相关的政策法规对于国有企业的改革模式都有着决定性的作用，并且对当前国有企业的发展产生了深远的影响。

然而，这一过程在本质上仍然可以被理解为“放乱收死”循环，因为它在创造性地毁灭一项旧制度的同时又衍生出一个新制度。“放”可以被理解为主管部门向企业下放权力，赋予企业经营者更多的经营自主权，这是放松行政控制最直接的步骤（李剑阁，1991）；“乱”的具体表现形式在各改革时期有所不同，但都是由于在“放”的过程中规则制定者不具备完全知识或没有配备相应的约束机制（韩朝华，2008），从而出现了始料不及的结果，这种结果既有可能出现在微观层面也有可能表现为宏观现象；“收”实际上是主管部门在某种程度上对现行政策的否定，主要是通过颁布新的政策来治理整顿已经发生的“乱”，这一过程也有可能是再次回归到旧的体制；主管部门的治理整顿有可能是以新的管制手段去试图纠正过去的错误，然而管制在绝大部分情况下是反市场化的，源于国有企业体制性的“死”也就无法避免，而最后主管部门又不得不采取新的措施来放松控制。本文对转轨过程中的国有企业“放权—收权”机制分析可以扩展运用到对现行国资委体制的分析之中。

为了扭转国有企业因体制性包袱和自身经营效率等原因所导致的大面积亏损局面，从 1999 年 9 月中共十五届四中全会通过《中共中央关于国有企业改革和发展若干重大问题的决定》开始，国有企业改革便进入了“三年脱困”和“战略性布局”时代。国有企业在经济布局上，退出竞争性领域，逐步收缩到垄断性、基础性、资源性领域之中；在制度建设上，进一步完善现代企业制度建设，探索国有资产管理模式，“抓大放小”，放开搞活国有中小企业。国有经济战略性调整政策的实施以及大中型国有企业建立现代企业制度，为国有企业走出困境创造了条件。2002 年，国有经济继续向重点行业、大型重点企业集聚，并在石油、石化、电力、电信、冶金、有色、铁路、军工等关键性的重大领域取得了突破。这些领域由于受到国家的重点控制，并且具有一定的垄断性质，加上政府部门给予多重保护，因而该领域内的国有企业很快扭亏为盈，并且迅速扩张。在这一改革过程中，竞争性领域的绝大部分中小型国有企业因为民营化而不再需要主管部门的“放权—收权”了，从而跳出了“放乱收死”的循环；而留守的大型国有企业由于享受到行政垄断特权的保护，可以通过垄断定价权将成本转嫁给非国有企业，因而同样表现出欣欣向荣的景象。

与国有企业全面“扭亏为盈”同步进行的还有国有资产管理体制的改革。2003 年 3 月，国有资产监督管理委员会作为国务院的一个特设机构成立，代表国家履行出资人职责，标志着国资委体制的正式建立。国资委的组建在很大程度上改变了以往的政企关系，国有企业从需要面对众多的“婆婆”变为主要面对国资委一家“婆婆”。由于在博弈中两个参与人比多个参与人更容易达成“合作解”，因此这种新型的政企关系由于国资委与国有企业之间的“默契”而发生重大变化：国资委作为唯一的主管部门独享控制权收益①，因而无论如何都有积极性“放权”；国有企业由于享有行政垄断的保护取得较高的收益，使得经营者的“努力与不努力”行为对最终收益的影响力大为减弱，甚至无足轻重。国资委与国有企业之间的“放权—收权”关系已经演变成为现代企业制度中的公司治理关系，两者之间的“放权—收权”竞争博弈被内部化，“放乱收死”的问题也就逐渐被“管干不分”② 所取代。国务院成立国资委的初衷在于为庞大的国有资产配备一个“出资人”，从而解决国有资产“无人负责”的问题，虽然该目标在

① 事实上，国有企业还要受到发改委等其他政府部门的干预，但这些远远比不上国资委的“管资产和管人、管事相结合的国有资产管理体制”来得直接。

② 在十六大报告对国有资产管理体制的框架性规定中并没有明确区分“监督国有资产”和“管理国有资产”这两个职能，因此国资委同时具有国有资产出资人的民事主体地位和政府部门的行政主体地位，这为国资委的“管干不分”或者“既当裁判员又当运动员”的结果留下了隐患。

一定程度上得到了实现，“放乱收死”问题也逐渐得到解决，但国资委体制下的行政垄断问题却出乎预料地严重起来，这种源于政府行政控制所产生的“按下葫芦浮起瓢”的结局也许是更为一般的“放乱收死”表现吧。

四 结 束 语

中国的经济体制改革一直是朝着市场化方向前进的，对行政控制的解除被认为是实现法制化、市场化发展的必然趋势。然而在转轨过程中，当旧的体制已经出现瓦解，新的体制还尚未建立之时，制度缺失或制度失效往往会带来经济秩序的混乱，而回归旧的体制则极易成为治理整顿的方便之举。本文通过回顾国有企业改革及改革过程中的“放权—收权”政策，再现了国有企业曾经出现过的“放乱收死”现象，并且从主管部门与企业经营者行为选择的角度对这一现象进行了模型化分析。

历史的经验教训对于当下的国有企业改革具有极好的借鉴意义。2003 年国资委体制成立以后，随着国有大型企业全面向基础性、垄断性领域收缩战线，国有企业整体表现出扭亏为盈和蒸蒸日上。然而，国有企业并不是通过法制化、市场化的途径取得这些表现，而是在很大程度上依靠行政垄断、依靠向民营企业与外资企业转嫁成本、依靠对消费者索取垄断高价等途径取得的。行政垄断是公平竞争的对立面，是行政控制在当下出现的新的表现形式，是与法制化、市场化精神相悖的。虽然国有企业在行政垄断的保护下暂时得到了发展，但是它给整个市场经济所带来的伤害是无法避免的。中国的经济体制改革如果还要继续朝着市场化方向发展，对于行政垄断的破除就不得不进行。

附录：对模型的求解

主管部门与企业经营者之间的“放权—收权”博弈是一个不完全信息博弈。假设企业经营者认为主管部门将以 p 的概率选择“下放权力”，$1-p$ 的概率选择“收紧权力”；同时，主管部门认为企业经营者以 q 的概率选择滥用自由处置权，$1-q$ 的概率选择不滥用自由处置权。求解过程如下：

企业经营者收益：

滥用 $$\prod\nolimits_M^1 = (\overline{R}_E + \overline{R}_P\alpha - C)p + (\underline{R}_E + \underline{R}_P\alpha - C)(1-p) \quad (1)$$

不滥用 $\prod_M^2 = \overline{R}_E p + \underline{R}_E(1-p)$ (2)

主管部门收益：

下放权力 $\prod_P^1 = \overline{R}_P(1-\alpha)q + \overline{R}_P(1-q)$ (3)

收紧权力 $\prod_P^2 = [\underline{R}_P(1-\alpha) + R_G]q + (\underline{R}_P + R_G)(1-q)$ (4)

所得结果为：

企业经营者：$q=0$ 假如 $\prod_M^1 < \prod_M^2$ 即 $p < \dfrac{C-\underline{R}_P\alpha}{(\overline{R}_P-\underline{R}_P)\alpha}$

$q=1$ 假如 $\prod_M^1 < \prod_M^2$ 即 $p > \dfrac{C-\underline{R}_P\alpha}{(\overline{R}_P-\underline{R}_P)\alpha}$

$q\in(0, 1)$ 假如 $\prod_M^1 = \prod_M^2$ 即 $p = \dfrac{C-\underline{R}_P\alpha}{(\overline{R}_P-\underline{R}_P)\alpha}$

主管部门：$p=0$ 假如 $\prod_P^1 < \prod_P^2$ 即 $q > \dfrac{(\overline{R}_P-\underline{R}_P)-R_G}{(\overline{R}_P-\underline{R}_P)\alpha}$

$p=1$ 假如 $\prod_P^1 > \prod_P^2$ 即 $q < \dfrac{(\overline{R}_P-\underline{R}_P)-R_G}{(\overline{R}_P-\underline{R}_P)\alpha}$

$p\in(0, 1)$ 假如 $\prod_P^1 = \prod_P^2$ $q = \dfrac{(\overline{R}_P-\underline{R}_P)-R_G}{(\overline{R}_P-\underline{R}_P)\alpha}$

令 $p_0 = \dfrac{C-\underline{R}_P\alpha}{(\overline{R}_P-\underline{R}_P)\alpha}$，$q_0 = \dfrac{(\overline{R}_P-\underline{R}_P)-R_G}{(\overline{R}_P-\underline{R}_P)\alpha}$，$\Delta R = (\overline{R}_P-\underline{R}_P)$

由于 $p\in[0, 1]$ 且 $q\in[0, 1]$

所以 $0<C<\underline{R}_P\alpha$ 时 $p_0<0$ 故 $p>p_0$ 所以 $q=1$

$\underline{R}_P\alpha<C<\overline{R}_P\alpha$ 时 $0<p_0<1$ 故 $p=p_0$ 所以 $q\in(0, 1)$

$C>\overline{R}_P\alpha$ 时 $p_0>1$ 故 $p<p_0$ 所以 $q=0$

$R_G>\Delta R$ 时 $q_0<0$ 故 $q>q_0$ 所以 $p=0$

$\Delta R(1-\alpha)<R_G<\Delta R$ 时 $0<q_0<1$ 故 $q=q_0$ 所以 $p\in(0, 1)$

$R_G<\Delta R(1-\alpha)$ 时 $q_0>1$ 故 $q<q_0$ 所以 $p=1$

其中，$0<C<\underline{R}_P\alpha$ 表示经营者“滥用”自由处置权的成本为正，并且小于主管部门“收紧权力”时所能够攫取到的收益份额；$\underline{R}_P\alpha<C<\overline{R}_P\alpha$ 表示经营者“滥用”权力的成本大于主管部门“收紧权力”时所能攫取到的收益份额但小于主管部门“下放权力”时所能攫取到的收益份额；$C>\overline{R}_P\alpha$ 表示经营者“滥用”权力的成本大于主管部门“下放权力”时所能攫取到的收益份额；$R_G > \Delta R$ 表示主管部门“收紧权力”所获得的控制权收益大于“下放权力”时主管部门所获收益的增量（以下同）；$\Delta R(1-\alpha) < R_G < \Delta R$ 表示控制权收益大于“下放权力”时主管部门总收益增量被经营者攫取后的剩余部分但小于主管部门总收益的增量；$R_G < \Delta R(1-\alpha)$ 表示控制权收益小于“下放权力”时产出增量被经营者攫取后的剩余部分。

由于在某些条件下 p 与 q 的取值不是唯一的（或者是其中一个不是唯一的，或者是两个都不是唯一的），因而均衡的结果在各自取值的范围内不一定都是占优策略，而有些只是最优的对策解，在表 3 中所得出的计算结果对此不做区分。

表 3 博弈的均衡解

	$R_G > \Delta R$	$\Delta R(1-\alpha) < R_G < \Delta R$	$R_G < \Delta R(1-\alpha)$
$0 < C < \underline{R}_P\alpha$	$p=0$，$q=1$（收紧权力，滥用）	$p\in(0, 1)$，$q=1$（收紧权力，滥用）	$p=1$，$q=1$（下放权力，滥用）
$\underline{R}_P\alpha < C < \overline{R}_P\alpha$	$p=0$，$q\in(0, 1)$（收紧权力，不滥用）	$p\in(0, 1)$，$q\in(0, 1)$（随机，随机）	$p=1$，$q\in(0, 1)$（下放权力，滥用）
$C > \overline{R}_P\alpha$	$p=0$，$q=0$（收紧权力，不滥用）	$p\in(0, 1)$，$q=0$（下放权力，不滥用）	$p=1$，$q=0$（下放权力，不滥用）

参考文献

[1] 戴园晨、黎汉明，1988，“工资侵蚀利润——中国经济体制改革中的潜在危险”，《经济研究》，第 6 期。

[2] 戴园晨、徐亚平，1993，“蒋一苇的“三论”与中国的企业改革”，《经济管理》，第 1 期。

[3] 董辅礽、唐宗焜、杜海燕，1995，《中国国有企业制度变革研究》，人民出版社。

[4] 杜海燕，1992，“全国工业企业两轮承包比较分析”，《改革》，第 5 期。

[5] 郭元晞，1997，“论政企分开与政资分开”，《经济研究》，第 2 期。

[6] 国务院，2003，《企业国有资产监督管理暂行条例》，5 月 27 日。

[7] 国务院研究室，1991，“增强国营大中型企业活力的历史回顾”，《管理世界》，第 6 期。

[8] 国资局课题组，1993，“关于理顺产权关系与建立新型国有资产管理体制的若干问题”，《经济研究》，第 9 期。

[9] 韩朝华，2008，“跳出“放乱收死”循环实现社会治理创新——改革 30 年的制度得

失”，《探索与争鸣》，第 1 期。

［10］韩朝华、戴慕珍，2008，“中国民营化的财政动因”，《经济研究》，第 2 期。

［11］柯武刚、史漫飞，2000，《制度经济学：社会秩序与公共政策》，商务印书馆。

［12］李剑阁，1991，“论走出‘放乱收死’的循环”，《经济社会体制比较》，第 2 期。

［13］林毅夫、蔡昉、李周，1997，“充分信息与国企改革”，《中国经济信息》，第 12 期。

［14］刘世锦，1995，《中国国有企业的性质与改革逻辑》，《经济研究》，第 4 期。

［15］刘诗白，1996，“有关国有企业深化改革的若干问题”，《经济研究》，第 12 期。

［16］全国人大，2008，《中华人民共和国企业国有资产法》，10 月 28 日。

［17］唐宗焜、韩朝华、王红领，1997，《国有企业产权交易行为分析》，经济科学出版社。

［18］王红领、李稻葵，2001，“政府为什么放弃国有企业的产权”，《经济研究》，第 11 期。

［19］章迪诚，2006，《中国国有企业改革编年史 1978－2005》，中国工人出版社。

［20］张维迎，1995，《博弈论与信息经济学》，上海三联书店、上海人民出版社。

［21］——，1996，“国有企业改革出路何在?”《经济社会体制比较》，第 1 期。

［22］周叔莲，2008，“国有企业改革三十年的回顾与思考”，《改革发展》，第 12 期。

Analysis of Delegating Power and Getting Back Power for SOE Reform in the Process of Economic Transition

Guan Jianqiang

(Department of Economics, Graduate School,
Chinese Academy of Social Sciences)

Abstract: China's economic reform is market – oriented since its reform and opening up. It is regarded that abolish administrative control is the key way to achieve legalization and marketization. However, in the process of economic transition, the economy would fall into disorder if the old system began to collapse while the new one hasn't been established yet. And reviving the old system would be a convenient measure for improvement and rectification. Based on the review on the process of SOE reform, this thesis reproduces the phenomenon of "vigor – chaos" cycle and models it from the angle of behavior decision – making by administrative department and SOE managers respectively. History has the enormous model significance. Administrative monopoly, which is SOE's most important reliance to exist and survive nowadays, is actually the reinvented administrative control. Were China's economic reform proceeded with legalization and marketization, they must be eliminated.

Keywords: SOE Reform, Economic Transition, Delegating Power – Getting Back Power

JEL Classification: D78, C72, P21

稿　约

由浙江大学经济学院、浙江大学民营经济研究中心、浙江大学跨学科社会科学研究中心联合主办，汪丁丁教授任主编的《新政治经济学评论》，是一份综合性的经济学理论连续出版物，刊登经济学各个领域的理论和经验研究论文。借此之际，向海内外学者同仁广纳贤言，欢迎赐稿！

《新政治经济学评论》设“综述”、“论文”、“评论与回应”、“书评”四个栏目。“综述”栏目发表关于某一领域最新学术动态的综述性文章；“论文”栏目发表原创性的理论和经验研究文章，文章长度不限，欢迎10 000字以上的论文；“评论与回应”栏目发表对已发表过的论文的评论和原作者的回应；“书评”发表通俗、可读的中文经济学新书的介绍和评论。以下为投稿体例。

一、稿件一般使用中文，作者投稿时应将打印稿一式三份寄至：

杭州市浙江大学经济学院《新政治经济学评论》编辑部

邮编：310027

或通过电子邮件寄至：cec_dyq@zju. edu. cn

二、稿件的第一页应该包括以下信息：

（1）文章标题；（2）作者姓名、单位，以及通信作者的通信地址和电子邮件地址；（3）感谢语（如有最佳）。

稿件的第二页应提供以下信息：

（1）文章标题；（2）200字以内的中文摘要；（3）3个中文关键词；（4）文章的英文标题、作者姓名的汉语拼音（或英文）和作者单位的英文名称；（5）200字以内的英文摘要；（6）3个JEL（*Journal of Economic Literature*）分类号。

三、文章正文中的标题、表格、图、等式编号必须连续。

一级标题用一、二、三等编号，二级标题用（一）、（二）、（三）等，三级标题用1、2、3等，四级标题用（1）、（2）、（3）等。一级标题居中，二级及以下标题左对齐。前三级独占一行，不用标点符号，四级及以下与正文连排。

四、每张图必须达到出版质量，并打印在单独的一张纸上。行文中标明每张图的大体位置。

五、文章正文的脚注必须每页重新编号，编号格式为：①，②，③……

六、文章中的定理、引理、命题和定义等单独成段。定理、引理和命题的证明（如果有的话）安排在文末的附录。

七、翻译外国人名请附原文或直接采用原文。专业术语的翻译请尽量规范化，在较为生僻或可能引起歧义的情况下请附原文。

八、所有参考文献必须出现在文章的末尾，并按作者姓名的汉语拼音（或英文名字）顺序编号排列。体例如下：

［1］ Acemoglu，Daron and Thierry Verdier，2000，“The Choice between Market Failures and Corruption”，*American Economic Review*，90（1），pp. 231 –257.

［2］ Barro，Robert and Xavier Sala-i-Martin，1995，*Economic Growth*，New York：McGraw-Hill.

［3］ 林毅夫，蔡昉，李周，1994，“论中国经济改革的渐进式道路”，《中国的过渡经济学》，上海：上海三联书店。

［4］ 汪丁丁，2003，“行为、意义与经济学”，载《经济研究》，第9期，第14—20页。

文中对文献的引用采用如“Becker（1968，pp. 168）指出……”、“报酬递增……（Romer，1986）”，或“正如琼斯所言：‘……’（琼斯，2003，第18页）”的形式。

九、本编辑部在收到稿件后的三个月内给予作者是否录用的答复，在三个月之内没有接到录用通知者即可另投。稿件如被录用，作者须将文章用与中文 Microsoft Word 兼容的软件录入，并将软盘寄至编辑部，或将文件通过电子邮件寄至：cec_dyq@zju. edu. cn。本编辑部因人力财力有限，恕不退稿。请作者自留底稿，并不要在信中夹带现金或邮票。

十、稿件发表前，本编辑部将把排版清样寄给作者，由作者校对稿件。稿件发表时，本编辑部将向作者提供3本样书，作者如需更多本，请付费购买。